하루
한장 독해

# 비문학 독해

사회편 **4** 단계 (3, 4학년)

# 하루 한장 독해

## 비문학 독해

### 사회편 4단계 (3, 4학년)

## WRITERS

**미래엔콘텐츠연구회 & 김진아, 이은영, 정지민, 조현주**

미래엔콘텐츠연구회는 No1. Contents를 개발합니다.

## COPYRIGHT

**인쇄일** 2022년 12월 1일(1판1쇄)

**발행일** 2022년 12월 1일

**펴낸이** 신광수

**펴낸곳** (주)미래엔

**등록번호** 제16–67호

**융합콘텐츠개발실** 황은주

**개발책임** 정은주

**개발** 정은주, 심효선, 김현경 (feat. 김성훈)

**콘텐츠서비스실장** 김효정

**콘텐츠서비스책임** 이승연

**디자인실장** 손현지

**디자인책임** 김병석, 김기욱

**디자인** 이돈일, 김단비

**CS본부장** 강윤구

**제작책임** 강승훈

ISBN 979-11-6841-058-9

우리는 수많은 글에 둘러싸여 살아가고 있습니다.
이야기책이나 교과서 글뿐 아니라,
전단의 광고 문구, 가정 통신문의 안내 글,
인터넷 속의 다양한 자료와 글 …

그래서 우리는 글과 자료에 담긴 지식과 정보를
정확하게 이해하고 해석하는 능력을 키워야 합니다.
단순히 글자를 눈으로 읽어 내는 것이 아니라,
사실을 확인하고 의미를 이해하고 핵심을 파악해야
제대로 독해했다고 볼 수 있습니다.

하루 한장 독해의 비문학 독해 사회편은
우리가 궁금해 하는 사회의 폭넓은 이야기를 통해
제대로 독해하는 능력을 키우는 교재입니다.

하루에 한 장씩! 독해의 세계로 떠나 볼까요?

이 책의
# 구성과 특징

# 재미있게 ③④⑤ 학습해요!

**3** 매일매일
'매체 독해+글 독해+하루 어휘'
**3가지 학습**을 할 수 있어요.

**4** 블렌디드 러닝인
**4번째 학습**으로 배경지식을
넓히고 심화시킬 수 있어요.

**5** 25일차 구성으로
하루 한 장씩 학습하면
**5주에 완성**할 수 있어요.

## 매체 자료로 미디어 문해력을 키워요!

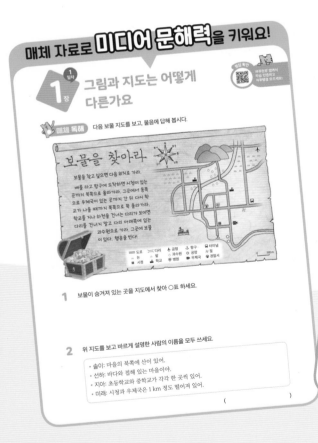

**1장** 그림과 지도는 어떻게
다른가요

**매체 독해** 다음 보물 지도를 보고, 물음에 답해 봅시다.

1 보물이 숨겨져 있는 곳을 지도에서 찾아 ○표 하세요.

2 위 지도를 보고 바르게 설명한 사람의 이름을 모두 쓰세요.

• 솔이: 마을의 북쪽에 산이 있어.
• 선하: 바다와 접해 있는 마을이야.
• 지아: 초등학교와 중학교가 각각 한 곳씩 있어.
• 미래: 시청과 우체국은 1 km 정도 떨어져 있어.

( )

## 폭넓은 사회 이야기로 공부력을 키워요!

**글 독해** 다음 글을 읽고, 물음에 답해 봅시다.

우리는 생활 속에서 다양한 지도를 이용하고 있습니다. 다른 고장으로 여행을 가거나 놀이공원에서 놀이 기구의 **❶위치**를 찾을 때, 부모님께서 운전하실 때 길 도우미 화면을 통해 지도를 **❷접할** 수 있습니다. 이처럼 다양하게 **❸활용**되는 지도는 '땅을 그린 그림'이라는 뜻으로, 위에서 내려다본 땅의 실제 모습을 일정한 형식으로 줄여서 나타낸 그림입니다.

지도는 땅의 모양이나 바다, 강과 같은 자연환경과 도로, 건물과 같은 **❹인문 환경** 등을 작게 줄여서 쉽게 알아볼 수 있게 만듭니다. 그래서 지도를 보면 내가 살고 있는 나라나 고장의 모양이 어떤지, 산이나 바다가 어디에 있는지를 알 수 있고, 내가 사는 마을은 얼마나 큰지, 길은 어떻게 나 있는지 등도 살펴볼 수 있습니다. 이처럼 지도를 이용하면 어떤 장소에 직접 가 보지 않아도 그 지역의 위치와 정보를 쉽게 알 수 있습니다.

그러면 땅 위의 모습을 그린 것은 모두 지도라고 할 수 있을까요? 땅 위에 있는 것을 내려다보고 그렸다고 해서 모두 지도가 되는 것은 아닙니다. 예를 들어, 미술 시간에 우리가 살고 있는 땅 위의 모습을 **❺풍경화**로 그린다면 그것은 지도라고 할 수 있을까요? 이것은 지도라고 할 수 없습니다. 풍경화와 같은 그림은 그림을 그리는 사람이 자기가 원하는 대로 지역의 모습을 표현하기 때문에 정확하지 않고 같은 지역이라도 다르게 표현될 수 있습니다. 하지만 지도는 지역의 **❻지리 정보**를 사람들에게 정확하게 전달해야 합니다. 그렇기 때문에 지도는 정해진 약속에 따라 누구나 알아보기 쉽게 그린 것이어야 합니다.

만약 지도가 없다면 어떻게 될까요? 어느 날 갑자기 세상의 모든 지도가 사라진다면 어떻게 될지 상상해 봅시다. 낯선 곳을 갔을 때 다행히 길을 아는 사람이 있다면 좋겠지만 그렇지 않다면 길을 찾기가 정말 어려울 것입니다. 누군가에게 길을 알려 줄 때에도 말로만 길을 설명해 주면 상대방을 이해시키기가 무척 어려울 것입니다. 또 우리가 살고 있는 곳이 어디에 있는지, 어떤 곳인지도 알기 어려울 것입니다. 이렇게 지도는 우리가 살고 있는 곳의 다양한 지리 정보를 한눈에 보여 주어 우리의 생활을 편리하게 해 줍니다.

❶ **위치:** 일정한 곳에 자리를 차지함.
❷ **접하다:** 가까이 대하다.
❸ **활용하다:** 충분히 잘 이용하다.
❹ **인문 환경:** 땅 위에서 인간 활동의 결과로 만들어진 환경.
❺ **풍경화:** 자연의 경치를 그린 그림.
❻ **지리 정보:** 지역에 관련된 모든 지식과 정보.

• **미디어 문해력이란?** 매체가 제공하는 다양한 정보를 해석하고 이해하는 능력입니다.

• **그래서 매체 독해가 필요해요!** 일상생활에서 각종 매체를 통해 제공되는 카드 뉴스, 광고, 그래프 등을 이해하고 해석하는 힘을 키울 수 있습니다.

• **사회 교과 연계로 학습 자신감이 생겨요!** 초등 사회 교과서와 연계하여 선정한 주제로 독해 실력은 물론, 사회 학습의 자신감도 키울 수 있습니다.

• **배경지식을 넓혀요!** 주제와 관련된 글 자료, 영상 자료로 깊이 있는 학습을 할 수 있어요.

# 똑똑하게 독해의 힘을 키워요!

**비문학 독해의 힘**  글을 구조화하여 읽으며 글 속의 지식과 정보를 파악하는 힘을 키워요.

**매체 독해의 힘**  미디어로 둘러싸인 환경 속에서 매체 정보를 해석하고 이해하는 힘을 키워요.

**하루 한 장의 힘**  많은 학습량을 욕심내지 않고 하루에 한 장으로 꾸준하게 공부하는 힘을 키워요.

**블렌디드 러닝의 힘**  글을 읽다가 꼬리를 물고 이어지는 궁금증을 스스로 해결하는 힘을 키워요.

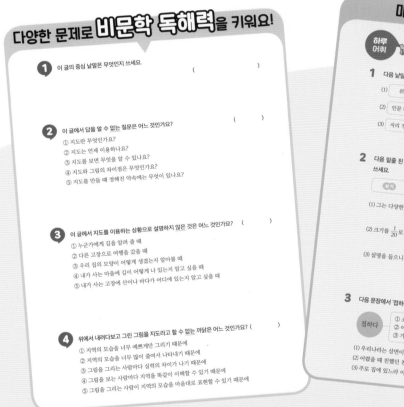

## 다양한 문제로 비문학 독해력을 키워요!

**1** 이 글의 중심 낱말은 무엇인지 쓰세요. (          )

**2** 이 글에서 답을 알 수 없는 질문은 어느 것인가요? (          )
① 지도란 무엇인가요?
② 지도는 언제 이용하나요?
③ 지도를 보면 무엇을 알 수 있나요?
④ 지도와 그림의 차이점은 무엇인가요?
⑤ 지도를 만들 때 정해진 약속에는 무엇이 있나요?

**3** 이 글에서 지도를 이용하는 상황으로 설명하지 않은 것은 어느 것인가요? (          )
① 누군가에게 길을 알려 줄 때
② 다른 고장으로 여행을 갔을 때
③ 우리 집의 모양이 어떻게 생겼는지 알아볼 때
④ 내가 사는 마을에 길이 어떻게 나 있는지 알고 싶을 때
⑤ 내가 사는 고장에 산이나 바다가 어디에 있는지 알고 싶을 때

**4** 위에서 내려다보고 그린 그림을 지도라고 할 수 없는 까닭은 어느 것인가요? (          )
① 지역의 모습을 너무 예쁘게만 그리기 때문에
② 지역의 모습을 너무 많이 줄여서 나타내기 때문에
③ 그림을 그리는 사람마다 실력의 차이가 나기 때문에
④ 그림을 보는 사람마다 지역을 똑같이 이해할 수 있기 때문에
⑤ 그림을 그리는 사람이 지역의 모습을 마음대로 표현할 수 있기 때문에

## 매일매일 어휘력을 키워요!

**하루 어휘**

**1** 다음 낱말의 뜻으로 알맞은 것을 선으로 이어 보세요.
(1) 위치 •
(2) 인문 환경 •
(3) 지리 정보 •

• ㉠ 일정한 곳에 자리를 차지함.
• ㉡ 지역에 관련된 모든 지식과 정보.
• ㉢ 땅 위에서 인간 활동의 결과로 만들어진 환경.

**2** 다음 밑줄 친 말의 기본형을 따라 쓰고, 이 말과 비슷한 뜻을 가진 낱말을 **보기**에서 찾아 쓰세요.

> **보기**  이용하다    축소하다    파악하다

(1) 그는 다양한 도구를 활용해서 집을 지었다.  활용하다 = [        ]
(2) 크기를 $\frac{1}{20}$로 줄인 모형 자동차를 만들었다.  줄이다 = [        ]
(3) 설명을 들으니 내용을 쉽게 이해할 수 있었다.  이해하다 = [        ]

**3** 다음 문장에서 '접하다'가 어떤 뜻으로 사용되었는지 번호를 쓰세요.

**접하다**
① 소식이나 명령 따위를 듣거나 받다.
② 이어서 닿다.
③ 가까이 대하다.

(1) 우리나라는 삼면이 바다에 접해 있다. (          )
(2) 어렸을 때 친했던 친구의 소식을 접했다. (          )
(3) 주로 집에 있느라 이웃들과 접할 기회가 별로 없었다. (          )

---

• **핵심을 파악하는 힘을 키워요!** 제목 정하기, 세부 내용 확인하기, 중심 내용 찾기 등의 문제를 통해 글의 핵심을 파악하는 힘을 키웁니다.

• **확장하여 생각하는 힘을 키워요!** 의견 나누기, 미루어 짐작하기, 다른 사례에 적용하기 등의 문제를 통해 확장하여 생각하는 힘을 키웁니다.

• **기본적인 뜻과 쓰임을 익혀요!** 새롭게 알게 된 낱말의 기본적인 뜻과 문맥 속에서의 쓰임을 익힙니다.

• **관련 어휘를 함께 공부해요!** 비슷하거나 반대의 뜻을 가지고 있는 말, 헷갈리는 말 등을 묶어서 공부하며 어휘력을 키웁니다.

# 이 책의 **차례**

# 바른답 · 알찬풀이

# 비문학 독해 과학편 ①~⑥

| | |  |  |  |  |  |
|---|---|---|---|---|---|---|
| **1~2 학년** | **① 단계** | **주제1**<br>우리 주변의 식물<br><br>우리 주변에서 볼 수 있는 식물의 특징을 살펴보자. | **주제2**<br>나의 몸<br><br>눈, 귀, 코, 혀 등 우리 몸이 하는 일을 살펴보자. | **주제3**<br>계절과 날씨<br><br>우리나라 사계절의 특징과 날씨, 일기 예보에 대해 알아보자. | **주제4**<br>고마운 에너지<br><br>에너지의 뜻과 에너지를 절약하는 방법을 알아보자. | **주제5**<br>소중한 물<br><br>물의 세 가지 상태와 물의 중요성을 알아보자. |
| | **② 단계** | **주제1**<br>우리 주변의 동물<br><br>우리 주변에서 볼 수 있는 동물의 특징을 살펴보자. | **주제2**<br>안전한 생활<br><br>우리가 질병이나 사고로부터 안전하게 생활할 수 있는 방법을 알아보자. | **주제3**<br>우리가 사는 지구<br><br>우리가 지구에서 사는 까닭과 지구에서 볼 수 있는 자연환경을 살펴보자. | **주제4**<br>소리의 세계<br><br>소리의 성질과 소음을 줄이는 방법을 알아보자. | **주제5**<br>물질의 성질<br><br>물체와 물질의 차이를 알아보고, 물질의 성질이 생활에 이용되는 예를 살펴보자. |
| **3~4 학년** | **③ 단계** | **주제1**<br>동물 이야기<br><br>동물의 암수 구별과 배추흰나비와 개의 한살이에 대해 알아보자. | **주제2**<br>자석 이야기<br><br>자석의 성질을 알아보고, 일상생활에서 자석을 활용한 예를 살펴보자. | **주제3**<br>지구의 모습<br><br>지구의 탄생 과정과 지구의 다양한 모습에 대해 알아보자. | **주제4**<br>지표의 변화<br><br>물이나 바람 등에 의해 지표가 변하고 있는 여러 모습을 살펴보자. | **주제5**<br>물질의 상태<br><br>물질의 세 가지 상태의 특징을 이해하고, 물질을 세 가지 상태로 분류해 보자. |
| | **④ 단계** | **주제1**<br>지구의 변화<br><br>지층과 화석, 화산과 지진 등 지구의 변화에 대해 알아보자. | **주제2**<br>물체의 무게<br><br>저울의 원리를 알아보고, 무게와 질량의 차이점을 살펴보자. | **주제3**<br>그림자와 거울<br><br>빛을 이용한 정보 전달, 그림자와 거울에 대해 알아보자. | **주제4**<br>식물 이야기<br><br>꽃가루받이, 식물의 한살이, 사는 곳에 따른 식물의 특징 등을 살펴보자. | **주제5**<br>물질의 변화<br><br>물의 상태 변화로 일어나는 현상을 알아보고, 이를 활용한 예를 살펴보자. |
| **5~6 학년** | **⑤ 단계** | **주제1**<br>다양한 기상 현상<br><br>대기 중에서 일어나는 다양한 기상 현상을 살펴보자. | **주제2**<br>다양한 생물과 환경<br><br>다양한 생물이 우리 생활과 환경에 어떤 영향을 주는지 알아보자. | **주제3**<br>신비한 우주<br><br>천체, 우주 탐사와 우주 개발에 대해 알아보자. | **주제4**<br>산과 염기 이야기<br><br>산과 염기의 특징을 이해하고, 우리 생활에서 이용되는 예를 알아보자. | **주제5**<br>온도와 열 이야기<br><br>온도와 열의 의미를 이해하고, 열의 이동 방법을 알아보자. |
| | **⑥ 단계** | **주제1**<br>전기 이야기<br><br>우리 생활을 편리하게 해 주는 전기에 대해 알아보자. | **주제2**<br>재미있는 기체 이야기<br><br>기체의 성질과 예를 살펴보고, 온도와 압력에 따른 기체의 부피 변화를 알아보자. | **주제3**<br>지구의 운동과 달의 운동<br><br>지구의 운동과 달의 운동에 의해 나타나는 자연 현상에 대해 배워 보자. | **주제4**<br>식물의 구조와 기능<br><br>식물은 어떤 구조로 이루어져 있으며, 각 기관이 하는 일을 살펴보자. | **주제5**<br>우리 몸의 구조와 기능<br><br>우리 몸속 기관이 하는 일과 자극이 전달되고 반응하는 과정 등을 알아보자. |

# 비문학 독해 사회편 ❶~❻

알고 싶은 주제, 재미있는 주제가 있다면
스스로 찾아 먼저 공부해도 좋아요!

| | 주제1 | 주제2 | 주제3 | 주제4 | 주제5 | 주제6 |
|---|---|---|---|---|---|---|
| ❶ 단계 | **주제1**<br>작은 사회, 학교 | **주제2**<br>계절에 따라<br>다른 생활 모습 | **주제3**<br>소중한<br>우리 가족 | **주제4**<br>명절과<br>세시 풍속 | **주제5**<br>자랑스러운<br>우리나라 | |
| | 학교에서의 바르고 안전한 생활에 대해 알아보자. | 사계절의 날씨와 특징, 생활 모습을 살펴보자. | 옛날과 오늘날의 가족 형태, 호칭을 배워 보자. | 설날과 추석, 열두 달의 세시 풍속을 알아보자. | 세계에 자랑할 만한 우리의 문화를 살펴보자. | |
| ❷ 단계 | **주제1**<br>계절마다<br>다른 날씨 | **주제2**<br>사회 속의 나 | **주제3**<br>소중한 가족 | **주제4**<br>우리 동네,<br>우리 고장 | **주제5**<br>세계의<br>여러 나라 | |
| | 날씨와 기후를 구분하고, 계절별 날씨를 살펴보자. | 사회화, 직업 선택, 저축과 소비에 대해 배워 보자. | 가족의 형태, 가족 구성원의 역할 변화를 알아보자. | 공공시설, 사람들의 직업 등 고장의 모습을 살펴보자. | 세계 여러 나라의 의식주 생활 모습을 살펴보자. | |
| ❸ 단계 | **주제1**<br>우리가 사는<br>고장 | **주제2**<br>우리나라의 전통 | **주제3**<br>교통과 통신의<br>발달 | **주제4**<br>다양한 의식주<br>생활 모습 | **주제5**<br>도구의 변화,<br>달라진 생활 모습 | **주제6**<br>오늘날의<br>가족 모습 |
| | 고장의 환경과 사람들의 생활 모습을 살펴보자. | 오늘날까지 이어져 온 우리의 전통을 알아보자. | 교통·통신의 발달로 나타난 생활의 변화를 알아보자. | 자연환경에 따라 다른 다양한 생활 모습을 살펴보자. | 여러 도구의 발달로 나타난 생활의 변화를 알아보자. | 결혼식 모습과 다양한 가족 형태를 살펴보자. |
| ❹ 단계 | **주제1**<br>지도 속 세상 | **주제2**<br>사람들이<br>살아가는 곳 | **주제3**<br>소중한<br>문화유산 | **주제4**<br>공공 기관과<br>주민 참여 | **주제5**<br>경제 활동 | **주제6**<br>사회 변화로 나타난 생활 속 변화 |
| | 지도의 기본 요소, 지도의 이용에 대해 알아보자. | 삶의 터전으로서 도시와 촌락의 모습을 비교해 보자. | 우리나라의 소중한 문화유산을 살펴보자. | 공공 기관과 다수결의 원칙에 대해 배워 보자. | 생산과 소비, 수요와 공급, 경제적 교류 등 경제 활동에 대해 알아보자. | 세계화, 정보화, 고령화 등으로 나타난 변화 모습을 살펴보자. |
| ❺ 단계 | **주제1**<br>우리 국토의<br>위치와 영역 | **주제2**<br>우리나라의<br>자연환경 | **주제3**<br>우리나라의<br>인문 환경 | **주제4**<br>인권을 존중하는<br>사회 | **주제5**<br>일상생활과 법 | |
| | 우리나라의 위치와 영토, 영해, 영공으로 이루어진 영역을 살펴보자. | 우리나라 지형과 기후의 특징, 자연재해의 종류를 알아보자. | 우리나라의 도시와 인구 성장, 산업과 교통 발달에 대해 배워 보자. | 인권의 중요성과 인권을 지키기 위한 다양한 노력을 살펴보자. | 헌법을 비롯하여 생활 속에서 접할 수 있는 다양한 법을 배워 보자. | |
| ❻ 단계 | **주제1**<br>민주 정치의<br>발전 | **주제2**<br>시장과 경제 | **주제3**<br>세계의 자연환경 | **주제4**<br>세계 여러 지역의<br>삶의 모습 | **주제5**<br>살기 좋은<br>지구촌 | |
| | 우리나라의 민주 정치의 발전 과정과 선거에 대해 배워 보자. | 우리나라의 경제 성장 과정과 경제 교류의 모습을 살펴보자. | 세계 여러 나라의 국토 모습, 지형과 기후의 특징을 알아보자. | 우리와 가까운 나라들, 세계의 종교와 문화에 대해 배워 보자. | 국제 분쟁과 환경 문제, 살기 좋은 지구를 만들기 위한 노력을 살펴보자. | |

주제 **1**

# 지도 속 세상

이번 주에 공부할 내용에 대한
주간 학습 계획을 세워 보세요.

| | 공부할 내용 | 교과 연계 | 공부한 날 | 스스로 평가 |
|---|---|---|---|---|
| 1장 | 그림과 지도는 어떻게 다른가요 | 사회 4-1 [1단원] | 월 일 | 😟 😋 😍 |
| 2장 | 지도에는 정해진 약속이 있어요 | 사회 4-1 [1단원] | 월 일 | 😟 😋 😍 |
| 3장 | 옛날 사람들이 그린 지도 | 사회 4-1 [1단원] | 월 일 | 😟 😋 😍 |
| 4장 | 콜레라를 해결한 한 장의 지도 | 사회 4-1 [1단원] | 월 일 | 😟 😋 😍 |
| 5장 | 생활 속 다양한 지도 | 사회 4-1 [1단원] | 월 일 | 😟 😋 😍 |

# 그림과 지도는 어떻게 다른가요

  **매체 독해**   다음 보물 지도를 보고, 물음에 답해 봅시다.

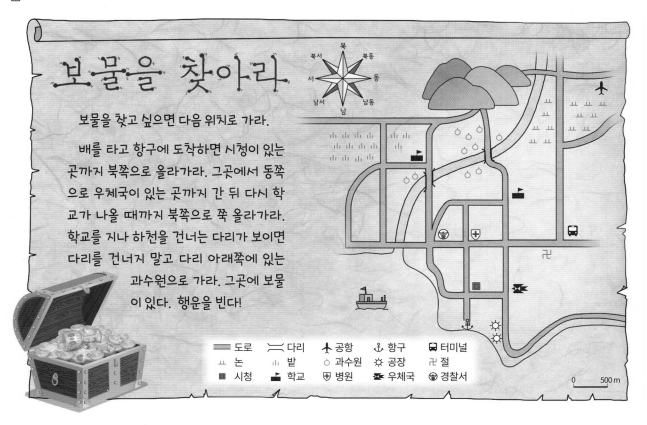

**1**   보물이 숨겨져 있는 곳을 지도에서 찾아 ○표 하세요.

**2**   위 지도를 보고 바르게 설명한 사람의 이름을 모두 쓰세요.

> • 솔이: 마을의 북쪽에 산이 있어.
> • 선하: 바다와 접해 있는 마을이야.
> • 지아: 초등학교와 중학교가 각각 한 곳씩 있어.
> • 미래: 시청과 우체국은 1 km 정도 떨어져 있어.

(                              )

　우리는 생활 속에서 다양한 지도를 이용하고 있습니다. 다른 고장으로 여행을 가거나 놀이공원에서 놀이 기구의 **❶위치**를 찾을 때, 부모님께서 운전하실 때 길 도우미 화면을 통해 지도를 **❷접할** 수 있습니다. 이처럼 다양하게 **❸활용되는** 지도는 '땅을 그린 그림'이라는 뜻으로, 위에서 내려다본 땅의 실제 모습을 일정한 형식으로 줄여서 나타낸 그림입니다.

　지도는 땅의 모양이나 바다, 강과 같은 자연환경과 도로, 건물과 같은 **❹인문 환경** 등을 작게 줄여서 쉽게 알아볼 수 있게 만듭니다. 그래서 지도를 보면 내가 살고 있는 나라나 고장의 모양이 어떤지, 산이나 바다가 어디에 있는지를 알 수 있고, 내가 사는 마을은 얼마나 큰지, 길은 어떻게 나 있는지 등도 살펴볼 수 있습니다. 이처럼 지도를 이용하면 어떤 장소에 직접 가 보지 않아도 그 지역의 위치와 정보를 쉽게 알 수 있습니다.

　그러면 땅 위의 모습을 그린 것은 모두 지도라고 할 수 있을까요? 땅 위에 있는 것을 내려다보고 그렸다고 해서 모두 지도가 되는 것은 아닙니다. 예를 들어, 미술 시간에 우리가 살고 있는 땅 위의 모습을 **❺풍경화**로 그린다면 그것은 지도라고 할 수 있을까요? 이것은 지도라고 할 수 없습니다. 풍경화와 같은 그림은 그림을 그리는 사람이 자기가 원하는 대로 지역의 모습을 표현하기 때문에 정확하지 않고 같은 지역이라도 다르게 표현될 수 있습니다. 하지만 지도는 지역의 **❻지리 정보**를 사람들에게 정확하게 전달해야 합니다. 그렇기 때문에 지도는 정해진 약속에 따라 누구나 알아보기 쉽게 그린 것이어야 합니다.

　만약 지도가 없다면 어떻게 될까요? 어느 날 갑자기 세상의 모든 지도가 사라진다면 어떻게 될지 상상해 봅시다. 낯선 곳을 갔을 때 다행히 길을 아는 사람이 있다면 좋겠지만 그렇지 않다면 길을 찾기가 정말 어려울 것입니다. 누군가에게 길을 알려 줄 때에도 말로만 길을 설명해 주면 상대방을 이해시키기가 무척 어려울 것입니다. 또 우리가 살고 있는 곳이 어디에 있는지, 어떤 곳인지도 알기 어려울 것입니다. 이렇게 지도는 우리가 살고 있는 곳의 다양한 지리 정보를 한눈에 보여 주어 우리의 생활을 편리하게 해 줍니다.

---

❶ **위치**: 일정한 곳에 자리를 차지함.
❷ **접하다**: 가까이 대하다.
❸ **활용하다**: 충분히 잘 이용하다.
❹ **인문 환경**: 땅 위에서 인간 활동의 결과로 만들어진 환경.
❺ **풍경화**: 자연의 경치를 그린 그림.
❻ **지리 정보**: 지역에 관련된 모든 지식과 정보.

**1** 이 글의 중심 낱말은 무엇인지 쓰세요.

( 　　　　　　　 )

**2** 이 글에서 답을 알 수 <u>없는</u> 질문은 어느 것인가요? 　　　 ( 　　 )

① 지도란 무엇인가요?

② 지도는 언제 이용하나요?

③ 지도를 보면 무엇을 알 수 있나요?

④ 지도와 그림의 차이점은 무엇인가요?

⑤ 지도를 만들 때 정해진 약속에는 무엇이 있나요?

**3** 이 글에서 지도를 이용하는 상황으로 설명하지 <u>않은</u> 것은 어느 것인가요? 　 ( 　　 )

① 누군가에게 길을 알려 줄 때

② 다른 고장으로 여행을 갔을 때

③ 우리 집의 모양이 어떻게 생겼는지 알아볼 때

④ 내가 사는 마을에 길이 어떻게 나 있는지 알고 싶을 때

⑤ 내가 사는 고장에 산이나 바다가 어디에 있는지 알고 싶을 때

**4** 위에서 내려다보고 그린 그림을 지도라고 할 수 <u>없는</u> 까닭은 어느 것인가요? ( 　　 )

① 지역의 모습을 너무 예쁘게만 그리기 때문에

② 지역의 모습을 너무 많이 줄여서 나타내기 때문에

③ 그림을 그리는 사람마다 실력의 차이가 나기 때문에

④ 그림을 보는 사람마다 지역을 똑같이 이해할 수 있기 때문에

⑤ 그림을 그리는 사람이 지역의 모습을 마음대로 표현할 수 있기 때문에

**5** 이 글에서 알 수 있는 내용으로 알맞은 것을 보기 에서 모두 골라 기호를 쓰세요.

> 보기  ㉠ 일상생활을 하면서 지도를 접하는 것은 쉽지 않다.
> ㉡ 지도는 지역의 지리 정보를 사람들에게 정확하게 전달한다.
> ㉢ 지도를 보면 직접 가 보지 않아도 지역의 정보를 알 수 있다.
> ㉣ 지도는 실제 땅의 모습을 실제와 같은 크기로 나타낸 것이다.

(             )

**6** 지도가 사라질 경우 겪게 될 불편함에 대해 잘못 설명한 사람은 누구인가요? (      )

① 규리: 낯선 곳에 갔을 때 길을 찾기가 어려울 거야.
② 유민: 우리가 살고 있는 곳의 위치를 정확히 알기 힘들 것 같아.
③ 선하: 길을 알려 줄 때 말로만 설명해야 해서 너무 불편할 것 같아.
④ 지효: 여행을 갔을 때 내가 가려고 하는 곳의 정보를 알기 어려울 거야.
⑤ 태이: 우리가 살고 있는 땅의 실제 모습을 있는 그대로 보기가 어려울 거야.

**7** 다음 밑줄 친 '지도'가 쓰임새에 맞게 들어간 것을 모두 골라 ○표 하세요.

| 우리는 지하철역에서 내려 <u>지도</u>를 보며 길을 찾았다. ☐ | 우리 마을의 아름다운 풍경이 잘 드러나도록 <u>지도</u>를 그렸다. ☐ | 세계 여러 나라의 위치가 궁금해서 세계 <u>지도</u>를 찾아보았다. ☐ |

**둥근 지구를 평평한 종이에 나타내는 방법**

모양이 둥근 지구를 어떻게 평평한 종이에 나타냈을까요? 둥근 지구를 세로로 자르고 넓적하게 펼친 후 사이사이에 생긴 틈을 메워서 지도를 완성합니다. 둥근 지구는 한눈에 살펴보기 어렵지만, 이렇게 쫙 펼쳐진 세계 지도를 만들면 전 세계를 한눈에 살펴보기가 쉬워집니다.

**1** 다음 낱말의 뜻으로 알맞은 것을 선으로 이어 보세요.

(1) 위치 •　　　　　• ㉠ 일정한 곳에 자리를 차지함.

(2) 인문 환경 •　　　　　• ㉡ 지역에 관련된 모든 지식과 정보.

(3) 지리 정보 •　　　　　• ㉢ 땅 위에서 인간 활동의 결과로 만들어진 환경.

**2** 다음 밑줄 친 말의 기본형을 따라 쓰고, 이 말과 비슷한 뜻을 가진 낱말을 보기 에서 찾아 쓰세요.

| 보기 | 이용하다 | 축소하다 | 파악하다 |

(1) 그는 다양한 도구를 활용해서 집을 지었다.　활용하다 = [　　　]

(2) 크기를 $\frac{1}{20}$로 줄인 모형 자동차를 만들었다.　줄이다 = [　　　]

(3) 설명을 들으니 내용을 쉽게 이해할 수 있었다.　이해하다 = [　　　]

**3** 다음 문장에서 '접하다'가 어떤 뜻으로 사용되었는지 번호를 쓰세요.

접하다
① 소식이나 명령 따위를 듣거나 받다.
② 이어서 닿다
③ 가까이 대하다.

(1) 우리나라는 삼면이 바다에 접해 있다.　　　　　　　( 　　 )

(2) 어렸을 때 친했던 친구의 소식을 접했다.　　　　　　( 　　 )

(3) 주로 집에 있느라 이웃들과 접할 기회가 별로 없었다.　( 　　 )

# 지도에는 정해진 약속이 있어요

매체 독해 다음 백과사전을 보고, 물음에 답해 봅시다.

재미있는 지도백과

## ❯방위란 무엇인가요

4방위표

8방위표

- 방위는 어떠한 쪽의 방향을 가리키는 말로, 동서남북이 있습니다.
- 방위를 나타내는 방위표에는 4방위표, 8방위표가 있습니다.

### 방위표가 없을 때 방향을 찾는 방법

1. 태양

태양이 동쪽에서 뜨고 서쪽으로 진다는 사실을 기억하고 있다면 쉽게 방향을 알 수 있습니다. 아침 일찍 해가 뜨는 곳이 동쪽입니다.

2. 북극성

북극성은 북쪽 하늘에 떠 있는 별로, 밤에는 북극성을 찾으면 북쪽을 알 수 있습니다.

3. 나이테

나무 밑기둥에는 나이테가 있는데, 나이테의 간격이 넓은 쪽이 남쪽, 좁은 쪽이 북쪽입니다.

4. 시계

시계의 짧은 바늘을 태양이 있는 방향과 맞춥니다. 이때 12시의 눈금과 짧은 바늘이 이루는 각의 중간이 가리키는 방향이 남쪽입니다.

(자료 참조: 국토지리정보원 어린이 지도여행)

**1** 방위표가 없을 때 방향을 찾는 방법으로 제시되지 <u>않은</u> 것은 어느 것인가요? (　　　　　)

① 태양이 뜨고 지는 방향으로 알기
② 나무의 나이테 간격을 보고 찾기
③ 시계의 짧은 바늘을 이용하여 찾기
④ 밤하늘에 떠 있는 북극성을 보고 찾기
⑤ 나침반의 바늘이 가리키는 방향으로 찾기

**2** 위 백과사전을 보고 설명한 내용으로 옳은 것에는 ○표, 옳지 <u>않은</u> 것에는 ×표 하세요.

(1) 밤에는 북극성을 찾으면 북쪽을 찾을 수 있다. (　　　)
(2) 방위는 어떠한 쪽의 방향을 가리키는 말로, 동서남북이 있다. (　　　)
(3) 나무의 나이테 간격이 넓은 쪽이 북쪽, 좁은 쪽이 남쪽을 가리킨다. (　　　)

지도는 누가 보아도 지리 정보를 쉽게 파악할 수 있게 하기 위하여 ❶일종의 약속이 정해져 있습니다. 지도에서 볼 수 있는 방위, 축척, 기호, 등고선이 바로 그것입니다. 이 네 가지의 기본 요소가 의미하는 바를 잘 알고 있으면 지도를 쉽게 이해할 수 있습니다.

방위는 어떤 방향을 나타내는 위치로, 지도에서 방향을 알려 주는 역할을 합니다. 방위에는 동서남북이 있고, 지도에는 이러한 방위를 표시한 방위표가 있습니다. 숫자 '4'와 같은 모양을 한 4방위표에서 위쪽은 북쪽, 아래쪽은 남쪽, 오른쪽은 동쪽, 왼쪽은 서쪽을 나타냅니다. 방위를 이용하면 사람이나 건물이 향한 방향에 관계없이 위치를 나타낼 수 있습니다. 만약 지도에 방위표가 따로 없다면 일반적으로 지도의 위쪽이 북쪽이 됩니다.

축척은 실제 거리를 지도에 줄여서 나타낸 정도를 말합니다. 지도에 실제 모습을 일정한 ❷비율로 줄여서 나타내는 까닭은 넓은 땅을 작은 종이에 똑같이 그려 넣을 수는 없기 때문입니다. 실제의 거리를 줄여서 나타낼 때에도 일정한 규칙에 따라 줄이고, 줄인 비율을 지도에 표시합니다. 축척은 지도마다 줄이는 비율이 다르기 때문에 똑같지 않으며, 각각의 지도에 표시된 축척을 통해 실제 거리와 크기를 ❸가늠해 볼 수 있습니다.

기호는 땅 위의 모습이나 건물의 모습을 지도에 간단히 나타낸 것입니다. 지도를 그릴 때 산, 강, 건물, 도로 등을 실제와 같게 혹은 정확하게 나타내는 것은 힘든 일입니다. 또 원래 모습 그대로 ❹지형지물을 그린다고 해도 지도가 복잡해져서 알아보기 어렵습니다. 그래서 사람들은 지도를 만들 때 미리 약속한 기호를 사용하여 ❺간략하게 표시합니다. 약속된 기호를 사용하면 지도를 간편하고 쉽게 만들 수 있고, 기호만 보고도 무엇을 표시했는지 쉽게 알 수 있습니다.

등고선은 땅의 높이가 같은 곳을 연결한 선으로, 등고선을 보면 땅의 높낮이를 알 수 있습니다. 등고선의 간격이 좁을수록 경사가 급한 곳이고, 등고선의 간격이 넓을수록 경사가 ❻완만한 곳입니다. 등고선과 함께 색깔로도 땅의 높낮이를 나타냅니다. 평야처럼 낮은 곳은 초록색으로 나타내고 높은 곳으로 갈수록 진한 색깔을 이용하여 산처럼 높은 곳은 고동색으로 나타냅니다.

---

❶ 일종: 어떤 것을 분명히 밝히지 않고, '어떤, 어떤 종류의'의 뜻을 나타내는 말.
❷ 비율: 다른 수나 양에 대한 어떤 수나 양의 비.
❸ 가늠하다: 사물을 어림잡아 헤아리다.
❹ 지형지물: 땅의 생김새와 땅 위에 있는 모든 물체를 이르는 말.
❺ 간략하다: 간단하고 짤막하다.
❻ 완만하다: 비스듬히 기울어진 상태나 정도가 급하지 않다.

**1** 이 글의 중심 내용으로 알맞은 것은 어느 것인가요? ( )

① 지도의 중요성
② 지도의 기본 요소
③ 지도의 종류와 쓰임새
④ 지도가 만들어지는 과정
⑤ 지도에서 사용할 약속을 정하는 방법

**2** 다음 빈칸에 들어갈 알맞은 낱말을 써넣어 지도의 기본 요소를 정리하세요.

| 방위 | 어떤 ( )을/를 나타내는 위치 |
|---|---|
| ( ) | 실제 거리를 지도에 줄여서 나타낸 정도 |
| ( ) | 땅 위의 지형지물을 지도에 간단히 나타낸 것 |
| 등고선 | 땅의 ( )이/가 같은 곳을 연결한 선 |

**3** 다음 마을 지도를 보고 북쪽을 가리키는 방향의 기호를 쓰세요.

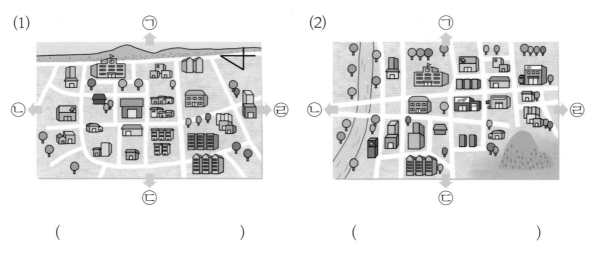

(1) ㉠ ㉡ ㉢ ㉣

(2) ㉠ ㉡ ㉢ ㉣

( )　　　　　　( )

**4** 축척에 대한 설명으로 옳은 것에는 ○표, 옳지 <u>않은</u> 것에는 ×표 하세요.

(1) 모든 지도에서 축척은 같은 비율로 표시된다. ( )

(2) 지도를 보고 실제 거리를 가늠할 수 있게 해 준다. ( )

(3) 넓은 땅을 작은 종이에 있는 그대로 그릴 수 없기 때문에 필요하다. ( )

**5** 다음 빈칸에 들어갈 알맞은 말을 이 글에서 찾아 쓰세요.

> 지도를 그릴 때 산, 강, 건물, 도로 등을 원래 모습 그대로 그리기는 어렵다. 또 그린다고 해도 지도가 복잡해져서 알아보기 어렵다. 그래서 땅 위의 모습이나 건물의 모습을 지도에 나타낼 때에는 약속된 (                )을/를 사용한다.

**6** 이 글의 내용과 맞지 <u>않는</u> 것은 어느 것인가요?                    (            )

① 등고선을 보면 땅의 높낮이를 알 수 있다.

② 지도는 사람들 사이에서 정해진 약속에 따라 만든다.

③ 지도의 기본 요소를 알면 지도를 쉽게 이해할 수 있다.

④ 지도는 실제 지형지물을 있는 그대로 표시하여 정확한 정보를 전달한다.

⑤ 방위를 이용하면 사람이나 건물이 향한 방향과 관계없이 위치를 나타낼 수 있다.

**7** 등고선으로 표현된 그림을 보고 경사가 가장 급한 곳과 가장 완만한 곳을 찾아 기호를 쓰세요.

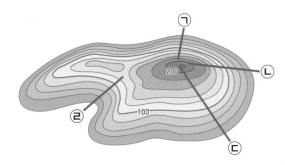

(1) 경사가 가장 급한 곳: (            )

(2) 경사가 가장 완만한 곳: (            )

**축척의 표시**

축척은 실제 거리를 줄여서 나타낸 정도로, 지도마다 얼마나 줄여서 만들었느냐에 따라 축척이 달라집니다. 예를 들어 실제 거리 500 m를 지도에 1 cm로 나타냈다면, 실제 거리 50,000 cm를 1 cm, 즉 50,000분의 1로 줄여서 만든 것이므로 지도에는 1:50,000으로 축척을 표시할 수 있습니다. 축척은 실제 모습을 줄인 정도에 따라 지도마다 다르게 표시되며, 축척에 따라 지도의 자세한 정도가 달라집니다.

**1** 다음의 뜻을 가진 낱말을 보기 에서 찾아 쓰세요.

> 보기    가늠하다    간략하다    완만하다

(1) 간단하고 짤막하다.                                    (          )
(2) 사물을 어림잡아 헤아리다.                            (          )
(3) 비스듬히 기울어진 상태나 정도가 급하지 않다.      (          )

**2** 다음 문장에 들어갈 알맞은 낱말을 골라 ○표 하세요.

(1) ┌ 나침반을 이용해 현재 ( 위치 / 이치 )를 파악하였다.
    └ 겨울이 끝나면 봄이 오는 것이 자연의 ( 위치 / 이치 )이다.

(2) ┌ 기차표에서 좌석 ( 기호 / 번호 )를 확인하였다.
    └ 덧셈, 뺄셈을 할 때에는 '+', '−'와 같은 ( 기호 / 번호 )를 사용한다.

(3) ┌ 여행을 통해 많은 경험을 ( 축적 / 축척 )할 수 있었다.
    └ 지도에 표시된 ( 축적 / 축척 )을 통해 실제 거리를 헤아려 볼 수 있다.

**3** 다음 빈칸에 들어갈 말의 뜻을 보고, 알맞은 낱말을 보기 에서 찾아 쓰세요.

> 보기    경사    비율    요소

(1) 언덕의 _____ 이/가 심해서 올라가기가 힘들다.
    └ 비스듬히 기울어짐. 또는 그런 상태나 정도.

(2) 성공의 중요한 _____ 로 성실과 노력을 들 수 있다.
    └ 사물이 만들어지거나 무엇이 이루어지기 위해 꼭 필요한 성분.

(3) 지도마다 실제 땅의 모습을 줄인 _____ 이/가 다르다.
    └ 다른 수나 양에 대한 어떤 수나 양의 비.

# 옛날 사람들이 그린 지도

 다음 영상 자료를 보고, 물음에 답해 봅시다.

**역사 스페셜**

조선의 발전된 지도 기술,
**대동여지도를 보다**

**[한국의 지도] 1편. 대동여지도를 보다**
조회 수 200,123회, 20○○. ○. ○○.

👍 1.3천  👎 41  ➤ 공유  💬 댓글

대동여지도는 1861년에 김정호가 만든 전국 지도첩입니다. 대동여지도는 한 장짜리 지도와는 달리 책의 형태로 만들어서 가지고 다니기 편리했으며, 전체 22권의 책을 모두 모아 이어 붙이면 세로가 약 7 m인 커다란 전국 지도가 되었습니다.
대동여지도는 우리나라에서 최초로 기호를 사용한 지도이며, 10리마다 눈금을 표시해 거리를 나타내어 현대의 지도와 비교해도 손색이 없을 만큼 정확합니다.

**관련 영상**

17:12
[위인 동화] 고산자 김정호

2:57
대동여지도 목판, 원형 그대로 보존해야 한다

3:25
조선판 현대 지도,
대동여지도의 정확성

(사진 출처: 국립중앙박물관)

**1** 위의 영상 자료에서 알 수 <u>없는</u> 내용은 어느 것인가요?  (          )

① 대동여지도의 크기　　② 대동여지도의 우수성　　③ 대동여지도를 만든 때
④ 대동여지도를 만든 사람　⑤ 대동여지도가 전시된 곳

**2** 대동여지도에 대해 바르게 설명한 사람의 이름을 쓰세요.

> • 가연: 대동여지도에서 눈금 하나는 실제 거리로 7 m를 나타내.
> • 우진: 대동여지도는 우리나라에서 최초로 기호를 사용한 지도야.
> • 송민: 대동여지도는 한 장으로 되어 있어서 가지고 다니기 편했어.

(          )

사람들은 지도를 언제부터 사용했을까요? 사람들이 지도를 처음 사용한 때는 종이가 발명되기 이전의 아주 오랜 옛날입니다. 사람들은 사냥하기 좋은 곳이나 열매가 풍부한 곳, 안전하게 잠을 잘 수 있는 곳 등을 기억하기 위하여 바위나 조개껍데기에 그림을 그려 표시를 해 두었습니다. 이렇게 그린 그림들이 바로 지도의 시작이 되었습니다.

처음에 사람들은 기억하고 싶은 것을 대충 땅바닥에 그리거나, 나무나 돌에 ❶새겼습니다. 하지만 이러한 것들은 시간이 지나면 지워지거나, 썩어서 없어지고 무거워서 가지고 다니기에도 불편했습니다. 그래서 사람들이 생각해 낸 것이 점토판 지도였습니다. 진흙으로 만든 판에 나뭇가지와 같은 것으로 지도를 그리고, 이 진흙판을 햇볕에 말리면 단단히 굳어서 변하지 않는 지도가 되었습니다. 고대 ❷메소포타미아 유적에서 발견된 바빌로니아 점토판 지도는 지금까지 남아 있는, 세계에서 가장 오래된 지도입니다.

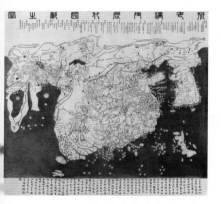
▲ 혼일강리역대국도지도

우리나라에는 어떤 지도가 있었을까요? 우리나라는 조선 초기인 1402년에 혼일강리역대국도지도를 만들었습니다. 혼일강리역대국도지도는 우리나라 최초의 세계 지도로, 지도의 가운데에 중국이 크게 그려져 있고 오른쪽에 우리나라가 실제보다 훨씬 크게 그려져 있습니다. 이는 조선이 중국에 ❸뒤지지 않는 위대한 나라임을 알리고 싶은 당시 사람들의 마음을 보여 줍니다. 또한 아시아뿐만 아니라 아프리카, 유럽까지 그려져 있어 당시에 만들어진 세계 지도 가운데 가장 훌륭하다고 평가되고 있습니다.

㉠우리나라의 지도 역사에서 빠질 수 없는 대동여지도도 조선 시대에 만들어졌습니다. 대동여지도는 김정호가 기존의 모든 ❹지리서와 지도를 연구하여 1861년에 만든 전국 지도입니다. 대동여지도는 기호를 이용해 산줄기와 하천, 도로, 군사 기지 등을 표시하였으며, 10❺리마다 눈금을 찍어 두어 실제 거리를 알 수 있게 하였습니다. 또 책의 형태로 만들어 접을 수 있었기 때문에 가지고 다니기에도 편리하였고, 종이가 아닌 ❻목판에 만들어서 지도를 쉽게 찍을 수 있었기 때문에 대량으로 보급할 수 있었습니다.

---

❶ **새기다**: 글씨나 사물이 생긴 모양을 파다.
❷ **메소포타미아**: 서남아시아의 티그리스강과 유프라테스강 사이에 있는 지역. 고대 문명 발상지의 하나임.
❸ **뒤지다**: 능력, 수준, 따위가 남보다 뒤떨어지거나 못하다.
❹ **지리서**: 지리에 관한 책.
❺ **리**: 거리의 단위로, 1리는 약 0.393 km에 해당함.
❻ **목판**: 나무에 글이나 그림 따위를 새긴 인쇄용 판.

**1** 이 글의 중심 내용으로 알맞은 것은 어느 것인가요?　　　　　　( 　　 )

① 옛날 사람들이 만든 지도　　　　　② 조선 시대에 만들어진 지도
③ 옛날과 오늘날 지도의 차이점　　　④ 오늘날에도 이용되는 옛날 지도
⑤ 지도를 만들기 위해 필요한 기술


**2** 옛날 사람들이 지도를 그린 곳이 <u>아닌</u> 것은 어느 것인가요?　　( 　　 )

① 바위　　　　　　　　　　　　② 열매
③ 땅바닥　　　　　　　　　　　④ 점토판
⑤ 조개껍데기


**3** 이 글에서 옛날 사람들이 지도에 그렸던 내용을 보기 에서 모두 골라 기호를 쓰세요.

> 보기　　㉠ 열매가 풍부한 곳
> 　　　　㉡ 안전하게 잠을 잘 수 있는 곳
> 　　　　㉢ 하늘에 제사를 지내기 좋은 곳
> 　　　　㉣ 위험한 동물들이 무리 지어 있는 곳

　　　　　　　　　　　　　　　　( 　　　　　　 )


**4** 다음 빈칸에 들어갈 알맞은 말은 어느 것인가요?　　　　　　( 　　 )

> 　고대 메소포타미아 유적에서 발견된 바빌로니아 점토판 지도는 지금까지 남아 있는, 세계에서 가장 (　　　　) 지도이다.

① 큰　　　　　　　② 작은　　　　　　③ 얇은
④ 오래된　　　　　⑤ 튼튼한


**5** 사람들이 지도를 그린 방법을 발달한 순서에 맞게 번호를 쓰세요.

| 종이에 그렸다. | 점토판에 그렸다. | 돌이나 나무에 새겼다. |
|:---:|:---:|:---:|
| ( 　　 ) | ( 　　 ) | ( 　　 ) |

**6** 혼일강리역대국도지도에 대해 바르게 이해한 사람의 이름을 모두 쓰세요.

> - 도현: 1402년에는 조선의 크기가 일본보다 더 컸어.
> - 지환: 조선 시대의 사람들은 아프리카와 유럽을 알고 있었어.
> - 하은: 조선 시대의 사람들은 조선이 위대한 나라라고 생각하였어.
> - 윤서: 조선 시대의 사람들은 세계에 중국과 일본, 조선만 있다고 생각하였어.

(            )

**7** 대동여지도를 만든 사람의 이름을 이 글에서 찾아 쓰세요.

(            )

**8** ㉠과 같이 말하게 된 대동여지도의 우수성으로 알맞지 <u>않은</u> 것은 어느 것인가요?

(      )

① 대동여지도는 기호를 이용해 주요 지형을 표시하였다.
② 대동여지도는 우리나라 최초로 만들어진 전국 지도이다.
③ 대동여지도는 접을 수 있어서 가지고 다니기 편리하였다.
④ 대동여지도는 목판으로 만들어 대량으로 보급할 수 있었다.
⑤ 대동여지도에 표시된 눈금을 보고 실제 거리를 알 수 있었다.

**대동여지도의 제작**

대동여지도는 1861년 당시의 지도 기술을 바탕으로 김정호가 만든 자세하고 정확한 지도입니다. 김정호는 기존의 모든 지리서와 지도를 연구하여 대동여지도를 만들었습니다. 김정호가 현대 지도와 비교해도 손색이 없을 만큼 정확한 지도를 만들 수 있었던 배경에는 조선의 발전된 지도 기술과 30여 년에 걸친 김정호의 노력이 있었습니다.

# 하루 어휘

**1** 다음 낱말의 뜻으로 알맞은 것을 선으로 이어 보세요.

(1) 리 •

(2) 목판 •

(3) 지리서 •

• ㉠ 지리에 관한 책.

• ㉡ 나무에 글이나 그림 따위를 새긴 인쇄용 판.

• ㉢ 거리의 단위로, 1리는 약 0.393 km 에 해당함.

**2** 다음 문장에서 '재다'가 어떤 뜻으로 사용되었는지 번호를 쓰세요.

재다

① 잘난 척하며 으스대거나 뽐내다.

② 자, 저울 따위를 이용해 길이, 깊이, 무게 따위의 정도를 알아보다.

(1) 키를 쟀더니 작년보다 5 cm가 컸다. ( )

(2) 달리기 좀 잘한다고 재는 모습이 얄미웠다. ( )

(3) 줄자를 이용하여 책상의 높이를 재어 보았다. ( )

(4) 혜수는 좀 잘했다 싶으면 친구들에게 너무 재서 탈이다. ( )

**3** 다음 문장에 들어갈 말을 바르게 쓴 것에 ○표 하세요.

(1) 현관에서 신발에 묻은 ( 진흑 / 진흙 )을 털었다.

(2) 눈을 ( 단단이 / 단단히 ) 뭉쳐서 눈사람을 만들었다.

(3) 공원을 걸으며 따뜻한 ( 햇빛 / 햇볕 )을 마음껏 쬐었다.

(4) 반지에 친구의 이름을 ( 새겨 / 세겨 ) 생일 선물로 주었다.

# 4장 콜레라를 해결한 한 장의 지도

 **매체 독해** 다음 지도를 보고, 물음에 답해 봅시다.

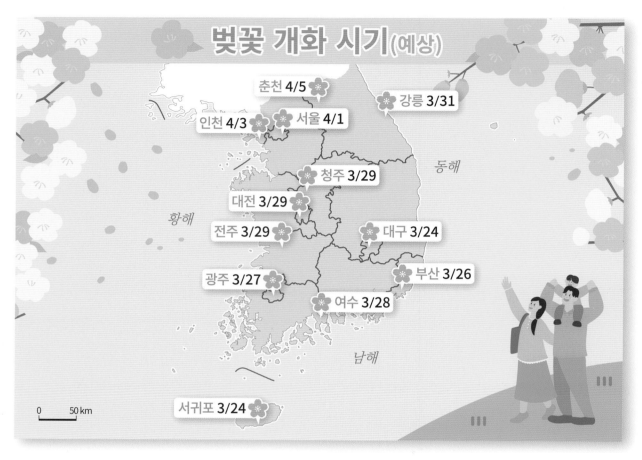

벚꽃 개화 시기(예상)

춘천 4/5
강릉 3/31
인천 4/3
서울 4/1
청주 3/29
대전 3/29
전주 3/29
대구 3/24
광주 3/27
부산 3/26
여수 3/28
서귀포 3/24

동해
황해
남해

0  50 km

**1** 아영이네 가족은 벚꽃을 구경하러 3월 26일에 여행을 가려고 합니다. 활짝 핀 벚꽃을 볼 수 있는 곳을 바르게 짝 지은 것은 어느 것인가요? (        )

① 부산, 대구, 춘천
② 부산, 전주, 강릉
③ 서울, 광주, 대전
④ 인천, 청주, 서귀포
⑤ 대구, 부산, 서귀포

**2** 지도를 보고 설명한 내용으로 알맞은 것에는 ○표, 알맞지 <u>않은</u> 것에는 ×표 하세요.

(1) 인천은 강릉보다 벚꽃이 일찍 핀다. (        )

(2) 벚꽃이 가장 늦게 피는 곳은 서귀포이다. (        )

(3) 북쪽으로 갈수록 벚꽃이 대체로 늦게 핀다. (        )

1854년 영국의 런던에서는 원인 모를 전염병이 **❶**번지면서 수많은 사람이 목숨을 잃었습니다. 이 병에 걸린 사람은 심한 **❷**복통에 시달리다가 설사와 함께 몸에서 물이 빠져나가는 탈수 증상이 심해지면서 결국 사망에 이르렀습니다. 런던을 휩쓸었던 이 무서운 전염병이 바로 '콜레라'입니다.

당시의 런던은 대도시였음에도 불구하고 **❸**상하수도 시설을 잘 갖추고 있지 않았습니다. 좁고 더러운 화장실을 여러 사람이 함께 사용하는 경우도 있었으며, **❹**오물을 그대로 강으로 흘려보내기도 하였습니다. 게다가 사람들은 하수를 처리하거나 물을 마실 때에도 **❺**위생에 크게 신경을 쓰지 않았습니다. 콜레라의 원인에 대해서도 공기로 전염된다고 생각만 하였을 뿐 정확한 발생 원인과 확산 **❻**경로를 알지 못하였기 때문에 콜레라는 더욱 빠른 속도로 퍼져 나갔습니다.

이때 콜레라의 원인을 밝혀내고 확산을 막는 데 크게 **❼**기여한 사람이 의사였던 존 스노입니다. 존 스노는 콜레라의 원인이 따로 있을 것이라 생각하고 콜레라에 걸린 사람들을 찾아가 어디에 사는 누가 죽었는지를 파악하고 지도에 표시해 나갔습니다. 그렇게 만들어진 지도를 분석해 보니, 한 공동 우물에서 물을 길어다가 먹은 사람들이 콜레라에 걸렸다는 사실을 알 수 있었습니다. 결국 그는 콜레라가 마시는 물이 오염되어 걸리는 병이라는 것을 밝혀냈고, 해당 우물을 폐쇄하게 하였습니다. 이렇게 존 스노는 세계 최초로 질병을 지도화함으로써 콜레라의 발생 지역을 파악하여 원인을 찾아내고, 런던 시내에서 콜레라가 확산되는 것을 막을 수 있었습니다.

콜레라라는 무서운 전염병을 겪은 런던은 존 스노의 의견을 받아들여 새롭게 상하수도 시설을 갖추었습니다. 하수는 따로 모아 **❽**정화를 하고, 상수도를 연결하여 사람들이 깨끗한 물을 마실 수 있게 하였습니다. 존 스노가 제작한 한 장의 지도 덕분에 수많은 사람의 목숨을 앗아간 전염병을 막고, 보다 깨끗한 생활 환경을 만들어 콜레라와 같은 전염병이 다시 발생하지 않도록 예방할 수 있었던 것입니다.

---

**❶ 번지다**: 병이나 불, 전쟁 따위가 차차 넓게 옮아가다.

**❷ 복통**: 배 부분이 아픈 증상을 통틀어 이르는 말.

**❸ 상하수도**: 상수도와 하수도를 아울러 이르는 말.

**❹ 오물**: 지저분하고 더러운 물건. 쓰레기나 배설물 따위를 말함.

**❺ 위생**: 건강에 이익이 되도록 조건을 갖추거나 대책을 세우는 일.

**❻ 경로**: 일이 진행되는 방법이나 순서.

**❼ 기여**: 도움이 되도록 이바지함.

**❽ 정화**: 불순하거나 더러운 것을 깨끗하게 함.

**1** 이 글의 중심 내용으로 알맞은 것은 어느 것인가요? (　　　　)

① 오염된 물로 전염되는 콜레라
② 위대한 의사 존 스노의 일생
③ 1854년 영국 런던의 생활 환경
④ 콜레라를 해결한 지도 제작
⑤ 전염병 확산을 막기 위한 전 세계의 노력

**2** 이 글의 짜임을 알맞게 설명한 것은 어느 것인가요? (　　　　)

① 공간의 변화에 따라 설명하였다.
② 두 가지 주제를 서로 비교·분석하였다.
③ 어떤 주제에 대한 주장과 근거를 제시하였다.
④ 특정한 역사적 사건에 대해 자세히 설명하였다.
⑤ 하나의 주제에 대하여 그것의 여러 가지 특징을 나열하였다.

**3** 1854년 영국 런던에서 콜레라가 발생하게 된 배경으로 알맞지 <u>않은</u> 것은 어느 것인가요?

(　　　　)

① 런던의 더러운 공기가 감염을 일으켜서
② 런던이 상하수도 시설을 잘 갖추지 못해서
③ 런던 사람들이 오물을 그대로 강으로 흘려보내서
④ 런던 사람들이 물을 마실 때 위생에 신경 쓰지 않아서
⑤ 런던 사람들이 좁고 더러운 화장실을 여러 사람이 함께 사용해서

**4** 런던에서 발생한 콜레라가 해결된 과정을 순서에 맞게 번호를 쓰세요.

* 콜레라가 발생하는 원인이 무엇인지 정확하게 밝혀냈다. (　　　)
* 1854년 런던에서 비위생적인 환경으로 인해 콜레라가 확산되었다. (　　　)
* 영국의 의사 존 스노가 사망자의 분포를 표시한 지도를 제작하였다. (　　　)
* 런던은 하수를 따로 모아 정화하는 등 상하수도 시설을 정비하였다. (　　　)

**5** 다음에서 설명하는 말을 이 글에서 찾아 쓰세요.

> 콜레라와 같이 전염성을 가진 병들을 통틀어 이르는 말로, 사회 전체의 위생과 관련하여 예방이 매우 중요하다.

(               )

**6** 존 스노가 제작한 콜레라 지도에 대해 <u>잘못</u> 이해한 사람은 누구인가요? (     )

① 준서: 한 장의 지도를 통해 콜레라의 발생 원인을 밝혀냈어.

② 선하: 콜레라로 사망한 사람들이 살던 곳을 지도에 나타냈어.

③ 유민: 세계 최초로 질병을 지도화함으로써 발생 지역을 찾아냈어.

④ 수아: 런던에서 상하수도 시설이 잘 갖추어진 곳을 표시한 지도야.

⑤ 도진: 같은 곳에서 물을 길어다가 먹은 사람들이 질병에 걸렸다는 사실을 알아냈어.

**7** 이 글에서 알 수 있는 내용으로 알맞지 <u>않은</u> 것은 어느 것인가요? (     )

① 콜레라는 공기를 통해 빠르게 확산되었다.

② 콜레라의 발생 원인은 오염된 공동 우물이었다.

③ 존 스노는 지도를 통해 전염병의 확산을 막았다.

④ 콜레라에 걸리면 심할 경우 목숨을 잃기도 하였다.

⑤ 1854년의 런던 사람들은 위생에 크게 신경 쓰지 않았다.

 **자연재해를 예측하는 지도**
오늘날에는 발달된 지도 제작 기술을 이용하여 다양한 지리 정보를 분석, 종합함으로써 태풍, 지진과 같은 재해를 예측하고 미리 대비합니다. 수집된 여러 지리 정보를 토대로 재해의 발생 경로와 피해 발생 지역 등을 예측하여 사람들이 미리 대비하게 함으로써 이로 인한 피해를 줄일 수 있게 도와줍니다.

**1** 다음의 뜻을 가진 낱말을 보기 에서 찾아 쓰세요.

> 보기    경로    오물    위생

(1) 일이 진행되는 방법이나 순서. ( )
(2) 지저분하고 더러운 물건. 쓰레기나 배설물 따위를 말함. ( )
(3) 건강에 이익이 되도록 조건을 갖추거나 대책을 세우는 일. ( )

**2** 다음 글자 카드를 합쳐 빈칸에 들어갈 알맞은 낱말을 쓰세요.

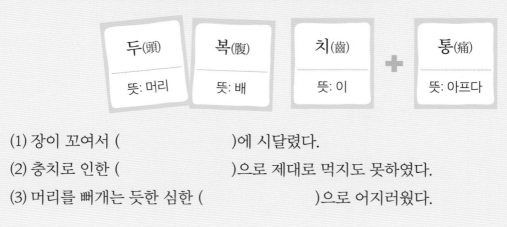

| 두(頭) | 복(腹) | 치(齒) | | 통(痛) |
|---|---|---|---|---|
| 뜻: 머리 | 뜻: 배 | 뜻: 이 | + | 뜻: 아프다 |

(1) 장이 꼬여서 ( )에 시달렸다.
(2) 충치로 인한 ( )으로 제대로 먹지도 못하였다.
(3) 머리를 뻐개는 듯한 심한 ( )으로 어지러웠다.

**3** 다음 빈칸에 들어갈 알맞은 낱말을 보기 에서 찾아 쓰세요.

> 보기    기여    정화    확산

(1) 그는 국가와 사회의 발전에 _____ 을/를 하였다.
ㄴ 도움이 되도록 이바지함.

(2) 식물에는 더러워진 공기를 _____ 해 주는 기능이 있다.
ㄴ 불순하거나 더러운 것을 깨끗하게 함.

(3) 산불의 _____ 을/를 막으려고 전국에서 소방대가 출동하였다.
ㄴ 흩어져 널리 퍼짐.

# 생활 속 다양한 지도

  다음 지도를 보고, 물음에 답해 봅시다.

**1** 부산의 역사 유적에 대해 체험 학습을 하려면 ㉮~㉰ 중에서 어느 코스를 선택해야 하는지 기호를 쓰세요.

(               )

**2** 위의 지도를 보고 알 수 있는 내용이 <u>아닌</u> 것은 어느 것인가요? (      )

① 부산에는 지하철이 있다.

② 부산에는 해수욕장이 많다.

③ 비행기를 타고 부산에 갈 수 있다.

④ 부산에는 다양한 관광 명소가 있다.

⑤ 부산에서 섬에 갈 때는 배만 이용할 수 있다.

'지도'라고 하면 우리가 알고 있는 <sup>❶</sup>정의의 지도만을 떠올리기 쉽지만, 사실 지도는 다양한 모습으로 우리의 일상생활 속에서 이용되고 있습니다. 관광 안내도, 주변 지역 안내도, 버스나 지하철의 노선도뿐만 아니라 자동차의 길 도우미, 인터넷 지도 등을 보는 것이 모두 지도를 이용하는 것입니다. (   가   )

낯선 곳으로 여행을 갈 때에는 관광 안내도를 보는 것이 도움이 됩니다. 관광 안내도에는 해당 지역에 있는 주요 관광지의 위치와 가는 길, 주변에 가 볼 만한 곳, 숙소 등이 표시되어 있습니다. 이처럼 여행에 필요한 다양한 정보를 얻을 수 있기 때문에 여행을 계획하거나 실제로 여행을 하는 데 도움을 줍니다. 최근에는 기술이 발전한 덕분에 컴퓨터나 스마트폰으로 <sup>❷</sup>디지털 지도를 이용하여 여행 정보를 얻을 수도 있습니다. (   나   )

기차역이나 지하철역에 가면 주변 지역 안내도를 볼 수 있습니다. 주변 지역 안내도를 살펴보면 현재 자신이 있는 곳의 위치를 중심으로 하여 출구가 있는 곳의 방향이 어디인지, 역 주변의 주요 건물들은 어떻게 <sup>❸</sup>배치되어 있는지 등을 쉽게 알 수 있습니다. 또 역 주변에서 버스 등 다른 대중교통을 이용할 수 있는 곳은 어디에 있는지도 안내되어 있어서 목적지를 찾아가는 데 도움이 됩니다. (   다   )

이외에도 생활 속에서 활용되는 지도로 약도가 있습니다. 초대장이나 광고지 같은 것에서 약도를 본 적이 있나요? 약도는 간단히 줄여 중요한 부분만 간략히 그려 놓은 지도입니다. 약도는 목적지와 중요한 장소, <sup>❹</sup>도로망을 중심으로 표시하여 생략된 내용이 많지만 원하는 곳을 쉽게 찾아갈 수 있다는 특징이 있습니다. (   라   )

오늘날에는 정보 통신 기술이 발달하면서 컴퓨터뿐 아니라 자동차의 길 도우미나 스마트폰으로도 손쉽게 지도를 이용할 수 있습니다. 자동차의 길 도우미를 이용하면 처음 가는 모르는 길도 쉽게 찾아갈 수 있습니다. 또한 스마트폰의 지도 응용 프로그램을 이용하면 언제 어디서나 가고 싶은 장소에 대한 정보를 얻을 수 있고, 더 나아가 직접 가지 않고도 세계의 <sup>❺</sup>명소들을 찾아볼 수도 있습니다. (   마   )

------

❶ **정의**: 어떤 말이나 사물의 뜻을 명백히 밝혀 규정함. 또는 그 뜻.
❷ **디지털 지도**: 각종 지리 정보를 디지털화하여 기록한 지도.
❸ **배치**: 사람이나 사물 따위를 일정한 자리에 나누어 둠.
❹ **도로망**: 길이 그물같이 여러 갈래로 나 있고 서로 연결되도록 짜인 것.
❺ **명소**: 경치나 옛 문화를 보여 주는 건물 등으로 널리 알려진 곳.

**1** 다음 빈칸에 알맞은 낱말을 넣어 이 글의 제목을 완성하세요.

생활 속의 다양한 (　　　　　)

**2** 관광 안내도에 대한 설명으로 알맞지 <u>않은</u> 것은 어느 것인가요?　　　　　(　　　　)

① 최근에는 컴퓨터나 스마트폰으로도 볼 수 있다.
② 주요 관광지의 위치와 가는 길을 확인할 수 있다.
③ 숙소, 가 볼 만한 곳 등 다양한 여행 정보를 담고 있다.
④ 여행을 계획하거나 실제로 여행을 하는 데 도움을 준다.
⑤ 지하철, 버스 등의 도착 정보와 타고 내릴 장소를 알려 준다.

**3** 다음과 같은 지도를 무엇이라고 하는지 이 글에서 찾아 쓰세요. (　　　　　　　　)

- 중요한 목적지와 장소만 표시되어 있고 생략된 내용이 많은 지도
- 사람들이 원하는 곳을 쉽게 찾아갈 수 있도록 간략히 그려 놓은 지도

**4** 이 글의 내용으로 알맞은 것은 어느 것인가요?　　　　　(　　　　)

① 지도는 종이 형태로만 제작하여 이용한다.
② 지도는 일상생활 속에서 쉽게 접하기 어렵다.
③ 최근에는 스마트폰으로도 지도를 볼 수 있다.
④ 해외여행을 가기 전에는 약도를 찾아보아야 한다.
⑤ 길 도우미는 대중교통을 이용할 수 있는 곳을 안내한다.

**5** 다음 내용이 들어가기에 알맞은 곳은 (가)~(마) 중에서 어디인가요?　　　　　(　　　　)

지도 응용 프로그램을 이용하면 프랑스에 있는 에펠탑의 모습을 볼 수 있습니다.

① ( 가 )　　② ( 나 )　　③ ( 다 )　　④ ( 라 )　　⑤ ( 마 )

**디지털 지도의 이용**
컴퓨터나 스마트폰을 이용하면 디지털 지도를 이용할 수 있습니다. 디지털 지도의 여러 기능을 익혀 두면 일상생활에서 지도를 유용하게 사용할 수 있습니다.

**1** 다음 낱말의 뜻으로 알맞은 것을 선으로 이어 보세요.

(1) 명소 •

(2) 배치 •

(3) 도로망 •

• ㉠ 사람이나 사물 따위를 일정한 자리에 나누어 둠.

• ㉡ 경치나 옛 문화를 보여 주는 건물 등으로 널리 알려진 곳.

• ㉢ 길이 그물같이 여러 갈래로 나 있고 서로 연결되도록 짜인 것.

**2** 다음 문장에서 '정의'가 어떤 뜻으로 사용되었는지 번호를 쓰세요.

정의 ┬ ① 진리에 맞는 올바른 도리.

└ ② 어떤 말이나 사물의 뜻을 명백히 밝혀 규정함. 또는 그 뜻.

(1) 정의의 이름으로 너를 용서하지 않겠다. ( )

(2) 사회의 정의를 실현하기 위해 노력해야 한다. ( )

(3) 그 현상에 대한 정의는 아직까지 분명하지 않다. ( )

(4) 예술은 새로움을 추구하는 작업이라고 정의할 수 있다. ( )

**3** 다음 빈칸에 들어갈 말의 뜻을 보고, 알맞은 낱말을 보기 에서 찾아 쓰세요.

보기  스마트폰   길 도우미   디지털 지도

(1) 사회 시간에 ＿＿＿＿＿＿＿ 을/를 이용해 우리 집을 찾아보았다.
└ 각종 지리 정보를 디지털화하여 기록한 지도.

(2) 요즘에는 ＿＿＿＿＿＿＿ (으)로 전화 통화는 물론 영상도 볼 수 있다.
└ 휴대 전화에 여러 컴퓨터 지원 기능을 추가한 것.

(3) 자동차의 ＿＿＿＿＿＿＿ 을/를 이용하면 낯선 곳에서도 목적지를 찾아갈 수 있다.
└ 지도를 보이거나 지름길을 찾아 주어 자동차 운전을 도와주는 장치.

# 신나는 퍼즐 퍼즐

가로세로 퍼즐을 완성하며, 주제1에서 공부한 용어의 뜻을
다시 한번 떠올려 봐요.

정답 확인

## 가로 열쇠

**❶** 1861년 김정호가 기존의 모든 지리서와 지도를
연구하여 만든 전국 지도.

**❹** 위에서 내려다본 땅의 실제 모습을 일정한 형
식으로 줄여서 나타낸 그림.

**❺** 각종 지리 정보를 디지털화하여 기록한 지도.

**❽** 일이 진행되는 방법이나 순서.

　예 여러 □□를 통하여 정보를 수집하다.

**❾** 불순하거나 더러운 것을 깨끗하게 함. 비슷 순화

**⓫** 일정한 곳에 자리를 차지함. 비슷 자리

## 세로 열쇠

**❶** 지역이 넓고 인구가 많은 도시.

　예 서울은 가장 큰 □□□이다.

**❷** 중요한 부분만 간략히 그려 놓은 지도.

**❸** 상수도와 하수도를 아울러 이르는 말.

**❹** 땅의 생김새와 땅 위에 있는 모든 물체를 이르
는 말.

**❻** 길이 그물같이 여러 갈래로 나 있고 서로 연결
되도록 짜인 것.

**❼** 자연의 경치를 그린 그림.

**❿** 어떤 방향을 나타내는 위치. 동서남북이 있음.

주제

# 2

# 사람들이 살아가는 곳

 이번 주에 공부할 내용에 대한 주간 학습 계획을 세워 보세요.

| | 공부할 내용 | 교과 연계 | 공부한 날 | 스스로 평가 |
|---|---|---|---|---|
| 1장 | 촌락과 도시는 어떤 곳인가요 | 사회 3-2 [1단원], 4-2 [1단원] | 월 일 | ☹ 😊 😍 |
| 2장 | 도시는 어떤 곳에서 발달하나요 | 사회 4-2 [1단원] | 월 일 | ☹ 😊 😍 |
| 3장 | 병들어 가는 도시 | 사회 4-2 [1단원] | 월 일 | ☹ 😊 😍 |
| 4장 | 촌락이 사라진다면 | 사회 4-2 [1단원] | 월 일 | ☹ 😊 😍 |

# 촌락과 도시는 어떤 곳인가요

매체 독해 　다음 우리나라 곳곳에서 찍은 사진을 보고, 물음에 답해 봅시다.

**1** 다음에서 설명하는 곳은 어디인지 위 사진에서 골라 기호를 쓰세요.

> 많은 사람이 모여 살고 있어 높은 건물이 많고 도로가 복잡한 곳

( 　　　　　　　 )

**2** 위 사진의 지역에 대한 설명으로 옳은 것에는 ○표, 옳지 않은 것에는 ×표 하세요.

(1) ㉠에서는 있는 그대로의 자연을 쉽게 접할 수 있다. 　　　　　( 　　 )

(2) ㉡은 바다와 접해 있어 사람들이 고기잡이를 많이 한다. 　　　( 　　 )

(3) ㉢은 땅이 편평해서 다양한 산업이 발달해 있다. 　　　　　　( 　　 )

(4) ㉣에서는 주민 대부분이 벼농사를 짓고 살아간다. 　　　　　　( 　　 )

여러분은 어떤 곳에서 살고 있나요? 또 그곳의 자연환경과 인문 환경은 어떤 모습인가요? 여러분들 중에는 넓은 들판이 펼쳐진 촌락에 살고 있는 사람도 있을 것이고, 높은 건물이 빽빽한 도시에 살고 있는 사람도 있을 것입니다. 그렇다면 촌락과 도시는 어떤 곳일까요?

촌락이란 우리가 흔히 시골에 가면 볼 수 있는 작은 마을을 말합니다. 촌락은 자연으로 둘러싸여 있어 산과 숲, 강과 바다, 넓은 들판 등과 같은 자연을 가까운 곳에서 접할 수 있습니다. 촌락은 도시와 떨어져 있는 경우가 많아서 비교적 적은 수의 사람들이 살고 있으며 집도 드문드문 있고 건물의 높이도 낮은 편입니다.

촌락은 주로 1차 산업이 발달해 있습니다. 1차 산업은 자연에서 필요한 것을 직접 얻는 생산 활동으로, 지역의 자연환경에 따라 농업, 어업, ❶임업 등 주로 발달하는 산업이 달라집니다. 촌락에서는 주변의 자연환경을 이용한 산업이 발달하기 때문에 주민들은 대부분 비슷한 직업을 가지고 있으며, 비슷한 일을 하다 보니 공동 작업을 많이 합니다. 그래서 주민들 간에 ❷긴밀한 관계를 유지하고 있는 경우가 많습니다.

도시라고 하면 무엇이 떠오르나요? 아마도 높은 건물과 복잡한 도로를 먼저 생각할 것입니다. 도시라는 말에는 ❸행정과 정치의 중심지인 ‘❹도읍’과 ❺상업과 경제의 중심지인 ‘시장’의 의미가 담겨 있습니다. 즉, 도시는 사회, 정치, 경제 활동의 중심이 되는 곳으로 많은 사람이 모여서 살아가는 곳입니다. 도시는 좁은 지역에 많은 사람이 살다 보니 땅을 효율적으로 이용하기 위하여 아파트와 같은 공동 주택이나 높은 건물이 많으며, 도로와 철도 등 다양한 교통 시설이 발달해 있습니다.

도시는 주로 2차 산업과 3차 산업이 발달해 있습니다. 2차 산업은 1차 산업을 통해 생산된 ❻원료를 이용하여 제품을 만드는 제조업이나 건물을 짓는 건설업 등을 의미하며, 3차 산업은 1차 및 2차 산업을 통해 만들어진 것을 판매하거나 사람들에게 서비스를 제공하는 산업을 의미합니다. 도시에는 회사나 공장, 행정 시설, 상업 시설, 문화 시설 등 다양한 여러 시설이 모여 있어 다양한 일자리가 있고 주민들의 직업도 다양합니다.

---

❶ **임업**: 산에서 나는 생산물로 경제적 이득을 얻기 위하여 숲을 관리하고 운영하는 사업.

❷ **긴밀하다**: 서로의 관계가 매우 가까워 빈틈이 없다.

❸ **행정**: 규정이나 규칙에 따라 공적인 일들을 처리하는 것.

❹ **도읍**: 한 나라의 중앙 정부가 있는 곳.

❺ **상업**: 상품을 사고팔아 이익을 얻는 일.

❻ **원료**: 어떤 물건을 만드는 데 들어가는 재료.

**1** 이 글의 중심 낱말은 어느 것인가요? (정답 2개)　　　　　　　　　（　　　　）

① 고장　　　　　　　　　② 도로　　　　　　　　　③ 도시
④ 산업　　　　　　　　　⑤ 촌락

**2** 이 글의 짜임을 알맞게 나타낸 것은 어느 것인가요?　　　　　　（　　　　）

① 1문단 — 2문단 — 3문단 — 4문단 — 5문단

② 1문단 ┬ 2문단 — 3문단
　　　　 └ 4문단 — 5문단

③ 1문단 — 2문단
　　3문단 — 4문단 — 5문단

④ 1문단 ┬ 2문단
　　　　 ├ 3문단 ┬ 5문단
　　　　 └ 4문단

⑤ 1문단 — 2문단 ┐
　　3문단 — 4문단 ┴ 5문단

**3** 촌락에 대한 설명으로 알맞지 <u>않은</u> 것은 어느 것인가요?　　　　（　　　　）

① 집과 건물이 빽빽하게 들어서 있다.
② 비교적 적은 수의 사람들이 살고 있다.
③ 흔히 시골에 가면 볼 수 있는 마을이다.
④ 숲, 강, 들판 등의 자연을 가까운 곳에서 접할 수 있다.
⑤ 주민들은 서로 긴밀한 관계를 맺고 있는 경우가 많다.

**4** 도시에 대해 설명할 때 필요한 낱말 카드를 모두 골라 ○표 하세요.

| 높은 건물 | 넓은 들판 | 많은 사람 | 복잡한 도로 | 비슷한 직업 |
|---|---|---|---|---|

（　　　　）　（　　　　）　（　　　　）　（　　　　）　（　　　　）

**5** 촌락과 도시의 산업에 대한 설명으로 알맞지 <u>않은</u> 것은 어느 것인가요? ( )

① 촌락에는 주로 1차 산업이 발달하였다.

② 도시에는 주로 2차 산업과 3차 산업이 발달하였다.

③ 촌락에서는 주로 자연에서 필요한 것을 직접 얻는다.

④ 도시의 사람들은 서비스를 제공하는 일을 하기도 한다.

⑤ 촌락은 도시와 달리 제조업이나 건설업이 발달해 있다.

**6** 촌락의 특징에는 '촌', 도시의 특징에는 '도'라고 쓰세요.

(1) 사람들이 많이 모여 살고, 교통 시설이 발달하였다. ( )

(2) 여러 시설이 모여 있기 때문에 다양한 일자리가 있다. ( )

(3) 자연으로 둘러싸여 있고, 농업, 어업, 임업과 같은 산업이 발달하였다. ( )

**7** 다음 친구들이 살고 있는 곳은 도시와 촌락 중 어디인지 쓰세요.

(1)

내가 사는 곳은 학교도 가깝고, 쇼핑몰이나 병원 같은 여러 가지 시설을 이용하기 편해요.

( )

(2)

내가 사는 곳은 넓은 들판이 펼쳐져 있고 집도 드문드문 있어서 복잡하지 않아요.

( )

**배경 +지식 넓히기**

**도시 사람들의 생활 모습**

도시에는 많은 사람이 모여 살면서 다양한 시설이 생겨납니다. 지하철이나 버스 등의 교통 시설, 공공 기관이나 병원 등의 편의 시설, 백화점이나 시장 등의 상업 시설, 박물관이나 공연장 등의 문화 시설이 잘 갖추어져 있습니다. 이러한 다양하고 편리한 시설 때문에 더욱 많은 사람이 도시로 모여듭니다.

**1** 다음의 뜻을 가진 낱말을 보기 에서 찾아 쓰세요.

> **보기**    도읍       상업       임업       행정

(1) 한 나라의 중앙 정부가 있는 곳.                                    (                    )

(2) 상품을 사고팔아 이익을 얻는 일.                                  (                    )

(3) 규정이나 규칙에 따라 공적인 일들을 처리하는 것.            (                    )

(4) 산에서 나는 생산물로 경제적 이득을 얻기 위하여 숲을 관리하고 운영하는 사업.

(                    )

**2** 다음 빈칸에 들어갈 말의 뜻을 보고, 알맞은 낱말을 보기 에서 찾아 쓰세요.

> **보기**    접하다       긴밀하다       복잡하다       빽빽하다

(1) 이 산은 무척 험한데다 나무가 _____.
  └ 사이가 촘촘하다.

(2) 인터넷을 통해 다른 나라의 문화를 _____.
  └ 가까이 대하다.

(3) 추석을 앞두고 있어서 시장이 사람들로 _____.
  └ 많은 사람이 좁은 곳에 모여 어수선한 데가 있다.

(4) 두 사람은 오랫동안 친구여서 사이가 매우 _____.
  └ 서로의 관계가 매우 가까워 빈틈이 없다.

**3** 다음 문장에 들어갈 말을 바르게 쓴 것에 ○표 하세요.

(1) 핸드폰이 고장 나서 ( 서비스 / 써비스 ) 센터에 갔다.

(2) 우리 마을은 높은 산으로 ( 둘러싸여 / 둘러쌓여 ) 있다.

(3) 개나리와 진달래는 봄에 ( 흔이 / 흔히 ) 볼 수 있는 꽃이다.

# 2장 도시는 어떤 곳에서 발달하나요

**매체 독해** 다음 그래프를 보고, 물음에 답해 봅시다.

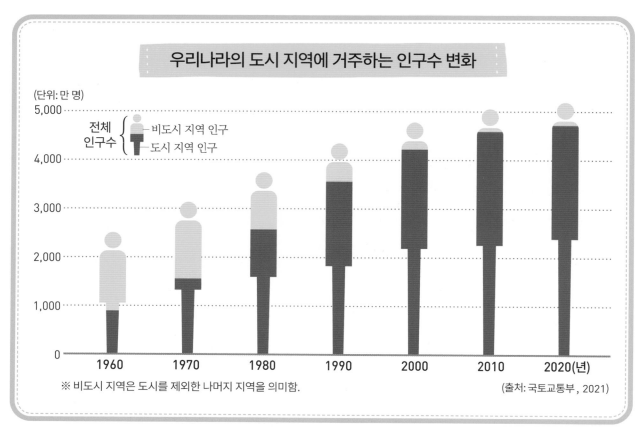

**우리나라의 도시 지역에 거주하는 인구수 변화**

(단위: 만 명)

전체 인구수 { ― 비도시 지역 인구 / ― 도시 지역 인구 }

5,000
4,000
3,000
2,000
1,000
0

1960    1970    1980    1990    2000    2010    2020(년)

※ 비도시 지역은 도시를 제외한 나머지 지역을 의미함.

(출처: 국토교통부, 2021)

**1** 그래프를 보고 다음 두 지역의 2020년 인구수를 비교하여 ○ 안에 >, =, <를 알맞게 쓰세요.

도시 지역 인구 (  ) 비도시 지역 인구

**2** 그래프를 보고 설명한 내용으로 알맞지 <u>않은</u> 것은 어느 것인가요? (         )

① 비도시 지역의 인구는 계속 줄어들고 있다.

② 1980년 이후 도시 지역 인구는 크게 늘어났다.

③ 시간이 지날수록 전체 인구수는 줄어들고 있다.

④ 오늘날에는 우리나라의 인구 대부분이 도시에 살고 있다.

⑤ 1960년에는 도시 지역보다 비도시 지역의 인구가 많았다.

도시는 많은 사람이 모여 사는 곳으로, 처음부터 도시의 모습을 갖추고 있었던 것은 아닙니다. 처음에는 작은 마을이었던 곳이 인구가 늘어나면서 도시로 성장하게 된 것입니다. 그렇다면 어떤 곳이 도시로 성장하게 될까요?

옛날 사람들은 주로 농사를 짓기 유리한 곳에 모여 살았습니다. 강가 주변의 평야는 먹을 물을 구하기가 쉽고 농사를 짓기에도 유리하여 일찍이 사람들이 모여 살면서 마을을 이루었습니다. ❶인류의 역사가 시작될 때 사람들이 처음 모여 살기 시작한 곳도 모두 큰 강과 가까운 평야 지역이었습니다. 이렇게 농사짓기에 유리한 곳은 시간이 흐르면서 더 많은 사람이 모여 들고 마을의 ❷범위도 확장되면서 도시로 성장하였습니다. 옛날 우리나라도 벼농사 중심의 농업 사회였던 때에는 전통적으로 북쪽과 동쪽의 산지 지역보다 농사지을 땅이 넓은 남쪽과 서쪽의 평야 지역에 더 많은 사람들이 모여 살았습니다.

물건을 사고팔 수 있는 큰 시장이 있는 곳을 중심으로 도시가 성장하기도 합니다. 사람들은 시장에서 물건을 사고팔기도 하지만, 여러 사람을 만나 다양한 ❸정보도 주고받습니다. 따라서 이렇게 큰 시장이 있는 곳은 많은 사람이 오고가면서 예로부터 도시가 생겨났습니다.

교통의 발달도 도시의 성장에 영향을 줍니다. 고속 도로나 철도가 발달하거나 항구가 있는 곳은 다른 지역으로 이동하기 유리해 도시가 성장합니다. 교통이 발달한 곳은 다른 곳으로 오가기 편리하고, 다른 지역으로 물건을 쉽게 운반할 수 있기 때문에 사람이 모여 들고 도시가 발달하게 됩니다. 우리나라도 대전, 천안과 같이 도로와 철도 교통이 발달한 곳이나 인천, 울산과 같이 항구가 있는 곳은 교통이 발달하여 도시가 성장하였습니다.

산업이 발달한 이후에는 산업 시설이 ❹집중해 있는 곳이 도시로 성장하였습니다. 다양한 물건을 생산하는 공장이 ❺밀집한 곳은 일자리가 풍부하여 사람들이 모여 들고, 이러한 곳에서 도시가 발달하게 됩니다. 우리나라도 1960년대 이후 생활에 필요한 물건을 공장에서 만드는 ❻공업이 발달하면서 산업 시설이 모여 있고 일자리가 많은 서울, 부산 등의 대도시와 대구, 울산 등의 공업 도시로 인구가 집중하면서 도시가 크게 성장하였습니다.

---

❶ **인류**: 사람을 다른 동물과 구별하여 이르는 말.

❷ **범위**: 일정하게 한정된 영역.

❸ **정보**: 어떤 자료나 소식을 통하여 얻는 지식.

❹ **집중하다**: 한곳을 중심으로 하여 모이다.

❺ **밀집하다**: 빈틈없이 빽빽하게 모이다.

❻ **공업**: 원료를 인력이나 기계력으로 가공하여 유용한 물자를 만드는 산업.

**1** 다음 빈칸에 알맞은 낱말을 넣어 이 글의 제목을 완성하세요.

> (                    )이/가 발달하는 곳

**2** 이 글의 내용으로 알맞지 <u>않은</u> 것은 어느 것인가요?　　　　　　　(　　　)

① 도시는 사람들이 많이 모이는 곳을 중심으로 발달하였다.
② 옛날에는 물을 구하기 쉬운 평야 지역에 도시가 발달하였다.
③ 항구가 있는 해안 지역은 교통이 편리하여 도시가 발달하였다.
④ 우리나라는 북쪽과 동쪽의 산지 지역을 중심으로 도시가 발달하였다.
⑤ 산업이 발달한 이후에는 공업 도시로 인구가 몰리면서 도시가 크게 성장하였다.

**3** 인류의 역사가 시작될 때 사람들이 처음으로 모여 살기 시작한 곳은 어디인가요?
　　　　　　　　　　　　　　　　　　　　　　　　　　　　　(　　　)

① 교통이 발달한 곳　　　　　　　　② 큰 시장이 있는 곳
③ 일자리가 풍부한 곳　　　　　　　④ 생활 환경이 쾌적한 곳
⑤ 큰 강 주변의 평야가 있는 곳

**4** 다음 빈칸에 들어갈 알맞은 말을 이 글에서 찾아 쓰세요.

> 큰 (                    )이/가 있는 곳에 물건을 사고팔려는 사람들과 정보를 주고받는 사람들이 오가면서 도시가 발달하였다.

**5** 1960년대 이후 공업의 발달로 성장한 대표적인 도시가 <u>아닌</u> 곳은 어느 것인가요?
　　　　　　　　　　　　　　　　　　　　　　　　　　　　　(　　　)

① 대구　　　　　　　② 대전　　　　　　　③ 부산
④ 서울　　　　　　　⑤ 울산

**6** 이 글에 나온 도시로 성장하는 곳의 조건으로 알맞지 <u>않은</u> 곳은 어디인가요? (        )

① 교통이 발달한 곳
② 큰 시장이 있는 곳
③ 농사짓기에 유리한 곳
④ 산업 시설이 집중해 있는 곳
⑤ 산지가 많고 풍경이 아름다운 곳

**7** 이 글에서 답을 알 수 <u>없는</u> 질문은 어느 것인가요?         (       )

① 도시는 주로 어떤 곳에서 발달하나요?
② 농사짓기에 유리한 조건은 무엇인가요?
③ 우리나라 사람들은 전통적으로 어디에 모여 살았나요?
④ 우리나라에서 시장의 발달로 생겨난 도시는 어디인가요?
⑤ 우리나라에서 공업이 발달하기 시작한 때는 언제부터인가요?

**8** 우리나라의 도시 발달에 대해 바르게 말한 사람의 이름을 쓰세요.

> • 가은: 오늘날 도시가 발달하는 데 가장 중요한 조건은 자연환경이야.
> • 승우: 옛날에는 큰 강과 가까운 평평한 곳을 중심으로 도시가 형성되었어.
> • 지아: 우리나라는 공업 발달 이후에 평야가 있는 남쪽과 서쪽의 도시들이 성장했어.

(           )

**세계 최초의 도시**
세계 최초의 도시는 지금의 이라크 일대인 메소포타미아 지역에서 생겨났습니다. 이곳은 티그리스강과 유프라테스강이 흐르고 주변에 넓은 평야가 발달해 있어서 농업에 유리한 조건을 갖추고 있었습니다. 이곳과 함께 중국의 황허강 유역, 인도의 인더스강 유역, 이집트의 나일강 유역도 공통적인 특징을 가지고 있으며, 이들을 아울러 '세계 4대 문명의 발상지'라고 합니다.

**1** 다음 낱말의 뜻으로 알맞은 것을 선으로 이어 보세요.

(1) 범위 •          • ㉠ 일정하게 한정된 영역.

(2) 인류 •          • ㉡ 어떤 자료나 소식을 통하여 얻는 지식.

(3) 정보 •          • ㉢ 사람을 다른 동물과 구별하여 이르는 말.

**2** 다음 문장에서 '시장'이 어떤 뜻으로 사용되었는지 번호를 쓰세요.

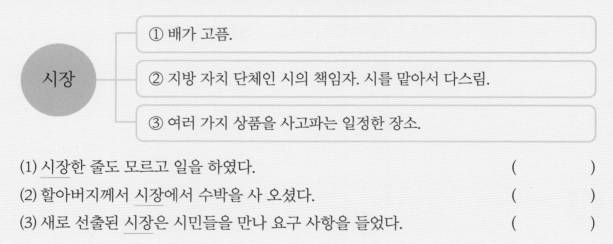

시장
① 배가 고픔.
② 지방 자치 단체인 시의 책임자. 시를 맡아서 다스림.
③ 여러 가지 상품을 사고파는 일정한 장소.

(1) 시장한 줄도 모르고 일을 하였다. ( )

(2) 할아버지께서 시장에서 수박을 사 오셨다. ( )

(3) 새로 선출된 시장은 시민들을 만나 요구 사항을 들었다. ( )

**3** 다음 밑줄 친 말의 기본형을 따라 쓰고, 이 말과 비슷한 뜻을 가진 낱말을 보기 에서 찾아 쓰세요.

보기      모이다        옮기다        이롭다

(1) 도시에는 여러 가지 시설들이 집중해 있다. 집중하다 = [    ]

(2) 벼농사를 짓기에 유리한 기후가 나타난다. 유리하다 = [    ]

(3) 이삿짐을 트럭에 실어 새 집까지 운반하였다. 운반하다 = [    ]

# 3 장
**8 일차**

# 병들어 가는 도시

 **매체 독해** 다음 신문 기사를 읽고, 물음에 답해 봅시다.

---

△△일보

## 넘쳐 나는 쓰레기

많은 사람이 모여 살고 있는 ○○시는 그만큼 쓰레기 배출량이 많다. 최근에는 쓰레기의 배출량이 늘어나면서 쓰레기 처리에 어려움을 겪고 있으며, 심한 악취가 발생하여 주민들이 고통을 호소하고 있다.

---

□□신문

## 환경 오염 물질 배출 위반 4곳 적발

☆☆시는 환경 오염이 심각해지는 것을 막고자 산업 단지 내에 있는 공장들의 오염 물질 배출 현황을 점검하였다. 이 중 매연과 오폐수 배출 규정을 위반한 4곳을 적발하였다.

---

◇◇뉴스

## 주택이 문제야

최근 실시한 한 조사에 따르면, □□시의 주민들이 생각하는 □□시의 가장 큰 문제점은 '주택'인 것으로 나타났다. □□시는 오래된 주택이 많고 인구에 비해 주택 수가 턱없이 부족한 상황이다.

---

**1** 신문 기사에서 다루고 있는 지역 문제를 모두 찾아 ○표 하세요.

| 소음 발생 | 주택 부족 | 환경 오염 | 쓰레기 문제 |
|---|---|---|---|
| ( ) | ( ) | ( ) | ( ) |

**2** 신문 기사를 읽고 알 수 있는 내용으로 알맞은 것에는 ○표, 알맞지 <u>않은</u> 것에는 ×표 하세요.

(1) 많은 사람이 모여 살면 쓰레기 배출량이 많아진다. ( )

(2) 공장에서 발생하는 매연과 오폐수는 환경을 오염시킨다. ( )

(3) 도시에 오래된 주택이 많아야 사람들이 살아가기에 편리하다. ( )

　오늘날 우리나라는 전체 인구의 90% 이상이 도시에 살고 있습니다. 도시에는 일자리가 다양하고 생활 ❶편의 시설이 많기 때문입니다. 하지만 각종 ❷기능과 인구가 도시로 ❸과도하게 집중되면서 도시에는 여러 가지 문제가 발생하였습니다.

　첫째, 사람들이 살 집이 부족하여 주택 문제가 발생하였습니다. 도시는 비교적 좁은 면적에 많은 사람이 살고 있어 사람 수에 비해 살 집이 부족하고, 집을 새로 지을 땅도 부족합니다. 그래서 사람들은 집을 쉽게 구할 수 없게 되었고, 집값도 점점 올라가게 되었습니다. 집을 구하지 못한 일부 사람들은 쾌적하지 못한 ❹불량 주택 지역에 살기도 합니다.

　둘째, 교통량이 증가하여 교통 문제가 발생하였습니다. 도시는 인구와 함께 자동차의 수도 빠르게 늘어났지만 이에 비해 도로와 교통 시설은 턱없이 부족하였습니다. 이로 인해 교통 혼잡, 교통사고 증가, 주차 공간 부족 등과 같은 문제가 발생하였습니다. 특히 서울과 같은 대도시에서는 회사가 주로 도시의 중심부에 모여 있고 사람들이 사는 곳은 도시의 ❺외곽 지역인 경우가 많기 때문에 출퇴근 시간에 교통 체증이 더욱 심각하게 나타났습니다.

　셋째, 각종 쓰레기와 오염 물질의 배출로 환경 문제가 발생하였습니다. 도시는 인구가 많고 각종 기능이 집중해 있어서 가정과 각종 시설에서 배출하는 쓰레기와 오염 물질이 많습니다. 이로 인해 하천과 토양이 오염되고, 공장과 교통수단에서 내뿜는 오염 물질은 대기를 오염시키고 있습니다. 도시가 점점 커지면서 이러한 환경 오염은 ㉠가속화되고 있습니다.

　이러한 도시 문제를 해결하기 위하여 정부는 다양한 대책을 내놓고 있습니다. 주택 문제를 해결하기 위해 오래된 집은 다시 짓고, 새로운 주택을 충분히 건설하여 공급합니다. 교통 문제를 해결하기 위해 대중교통을 늘리고, 도로와 주차 시설 등을 ❻확충합니다. 또 쓰레기 배출량을 줄이고 오염 물질을 깨끗하게 정화해서 배출하게 하는 정책 등을 마련하여 환경 문제의 해결을 위해 노력하고 있습니다. 정부뿐만 아니라 우리도 가능한 대중교통을 이용하고, 일회용품 사용을 줄이고 분리배출을 실천하는 등 도시 문제 해결을 위해 함께 노력해야 합니다.

------------------------------------------------------------

❶ **편의**: 형편이나 조건 따위가 편하고 좋음.
❷ **기능**: 하는 구실이나 작용을 함. 또는 그런 것.
❸ **과도하다**: 정도에 지나치다.
❹ **불량 주택**: 제구실을 하지 못할 정도로 낡고 오래된 주택.
❺ **외곽 지역**: 도시의 바깥 테두리에 있는 지역.
❻ **확충하다**: 늘리고 넓혀 충실하게 하다.

**1** 이 글의 중심 내용으로 알맞은 것은 어느 것인가요?　　　　　　　　　(　　　)

① 도시가 발달하는 곳의 특징　　　　　　② 도시가 성장하기 위한 조건

③ 도시에서 발생하는 여러 문제　　　　　④ 도시에 사는 사람들의 생활 모습

⑤ 도시에 생활 편의 시설이 많은 까닭


**2** 이 글을 내용상 크게 세 부분으로 나눌 때 가장 적절한 것은 어느 것인가요?　(　　　)

① 1문단 / 2문단, 3문단 / 4문단, 5문단

② 1문단 / 2문단, 3문단, 4문단 / 5문단

③ 1문단, 2문단 / 3문단, 4문단 / 5문단

④ 1문단, 2문단 / 3문단 / 4문단, 5문단

⑤ 1문단, 2문단, 3문단 / 4문단 / 5문단


**3** 다음 빈칸에 알맞은 낱말을 넣어 도시 문제가 발생하는 까닭을 쓰세요.

> 　도시는 좁은 지역에 많은 (　　　　　　　)과/와 각종 기능이 집중해 있기 때문에
> 여러 가지 문제가 발생한다.


**4** 이 글에서 설명한 도시 문제가 <u>아닌</u> 것은 어느 것인가요?　　　　　　　(　　　)

① 사람 수에 비해 살 집이 부족하다.

② 많은 사람이 모여 살아서 범죄가 발생한다.

③ 교통 체증이 발생하고 주차 공간이 부족하다.

④ 가정과 각종 시설에서 나오는 쓰레기가 많다.

⑤ 오염 물질 배출로 하천, 토양, 대기가 오염되고 있다.


**5** 도시에서 발생하는 다음과 같은 문제를 무엇이라고 하는지 이 글에서 찾아 쓰세요.

> • 교통 혼잡, 교통사고 증가, 주차 공간 부족 등의 문제
> • 자동차 수가 증가한 반면에 도로와 교통 시설은 부족해서 생기는 문제

(　　　　　　　　　　)

**6** 도시에서 발생하는 문제를 해결하기 위한 대책으로 알맞은 것을 선으로 이어 보세요.

(1) 교통 문제 •

(2) 주택 문제 •

(3) 환경 문제 •

• ㉠ 대중교통을 늘리고, 도로와 주차 시설을 확충한다.

• ㉡ 오염 물질을 정화해서 배출하게 하는 정책을 마련한다.

• ㉢ 오래된 집은 다시 짓고, 새로운 주택을 충분히 건설하여 공급한다.

**7** ㉠과 바꾸어 쓸 수 없는 말은 어느 것인가요? ( )

① 더욱 심해지고
② 점점 더뎌지고
③ 속도가 더해지고
④ 속도가 더 빨라지고
⑤ 진행이 더 빨라지고

**8** 도시에서 발생하는 문제를 해결하기 위한 올바른 방법을 말한 사람의 이름을 모두 쓰세요.

• 태준: 도시에 있는 오래된 주택들을 모두 허물어야 해.
• 지효: 자동차 이용을 줄이고 되도록 대중교통을 이용해야 해.
• 찬희: 우리가 실천할 수 있는 방법으로는 일회용품 사용 줄이기가 있어.
• 선하: 촌락에서 도시로 이사 왔던 사람들이 원래 살던 곳으로 돌아가면 돼.

( )

배경
+지식
넓히기

**자연과 함께 살아가는 생태 도시**
우리나라와 마찬가지로 세계 대부분의 나라도 도시가 급속히 성장하면서 각종 도시 문제를 겪게 되었습니다. 그래서 이러한 문제를 해결하고 사람과 자연이 함께 어우러져 살아가는 것을 목표로 하는 도시들이 생겨났습니다. 환경을 파괴하지 않고 살아가는 방식을 채택한 생태 도시들입니다.

**1** 다음의 뜻을 가진 낱말을 [보기]에서 찾아 쓰세요.

> [보기]     기능       편의       불량 주택       외곽 지역

(1) 도시의 바깥 테두리에 있는 지역.       (       )

(2) 형편이나 조건 따위가 편하고 좋음.       (       )

(3) 하는 구실이나 작용을 함. 또는 그런 것.       (       )

(4) 제구실을 하지 못할 정도로 낡고 오래된 주택.       (       )

**2** 다음 빈칸에 들어갈 말의 뜻을 보고, 알맞은 낱말을 [보기]에서 찾아 쓰세요.

> [보기]     공급하다       배출하다       확충하다

(1) 출발하기 전에 비행기에 연료를 _____.
         └ 요구나 필요에 따라 물품 따위를 제공하다.

(2) 공장에서 오염 물질을 공기 중으로 _____.
         └ 안에서 밖으로 밀어 내보내다.

(3) 회의 결과에 따라 놀이터에 놀이 시설을 _____.
         └ 늘리고 넓혀 충실하게 하다.

**3** 다음 문장에 들어갈 알맞은 낱말을 골라 ○표 하세요.

(1)   산책을 하며 맑고 ( 쾌적한 / 쾌활한 ) 공기를 마셨다.
      내 짝은 성격이 ( 쾌적해서 / 쾌활해서 ) 친구가 많다.

(2)   오늘은 특별할 것이 없는 ( 심각한 / 심심한 ) 하루였다.
      쓰레기 분리배출을 하지 않는 것은 ( 심각한 / 심심한 ) 문제이다.

(3)   기차의 창문 너머로 ( 끝없이 / 턱없이 ) 펼쳐진 들판이 보였다.
      선수로서 대회에 나가기에는 실력이 ( 끝없이 / 턱없이 ) 부족하였다.

정답 확인

하루한장 앱에서
학습 인증하고
하루템을 모으세요!

 **매체 독해** 다음 인터뷰 내용을 보고, 물음에 답해 봅시다.

| | |
|---|---|
| **기자** | 저는 오늘 바닷가의 한 마을에 나와 있습니다. 이곳에서 60년 넘게 살고 계신 최○○ 할아버님을 만나 이야기를 들어보겠습니다. 안녕하세요? 어떤 일을 하고 계신가요? |
| **최○○ 님** | 작은 양식장에서 김과 미역을 키우고 있어요. 이곳의 주민 대부분이 양식업을 하고 있지요. |
| **기자** | 연세가 좀 있으신 것 같은데 일이 힘들진 않으신가요? |
| **최○○ 님** | 젊은 사람들이 마을을 다 떠나서 일손을 구하기가 쉽지 않아 힘이 많이 들어요. |
| **기자** | 자녀분들은 안 계신가요? |
| **최○○ 님** | 딸 둘, 아들 하나 있는데 모두 도시에 살고 있어요. 직장이 다 거기에 있어서요. |
| **기자** | 가족과 떨어지게 되었는데도 이곳에서 계속 사시는 까닭은 무엇인가요? |
| **최○○ 님** | 평생을 이곳에서 살았는데 고향을 떠나고 싶지 않아요. |
| **기자** | 생활하시면서 가장 불편한 점은 무엇인가요? |
| **최○○ 님** | 일을 도와줄 사람이 없어서 가장 힘들고, 몸이 아플 때 병원이 가까이에 없어서 치료를 받기가 어려워요. |

**1** 인터뷰 내용에 맞도록 문장에 들어갈 알맞은 낱말을 골라 ○표 하세요.

(1) 최○○ 할아버지가 사는 곳은 ( 농촌 / 어촌 / 산지촌 )이다.

(2) 젊은 사람들이 도시로 떠나 일손이 ( 많아졌다 / 부족해졌다 ).

(3) 병원과 같은 편의 시설을 이용하기가 ( 쉽다 / 쉽지 않다 ).

**2** 기자가 이러한 인터뷰를 한 까닭으로 알맞은 것은 어느 것인가요? ( )

① 촌락 문제에 대해 사람들이 관심을 갖기를 바라서

② 촌락에서 힘들게 사는 노인 부부를 도와주고 싶어서

③ 촌락 사람들이 도시로 이동하는 까닭을 찾아보기 위해서

④ 촌락은 사람들이 살기에 불편하다는 것을 알리기 위해서

⑤ 어촌의 부족한 일손을 돕기 위한 봉사 활동을 갈 사람을 모집하기 위해서

　도시가 발달하면서 촌락에서는 사람들이 점점 빠져나가 인구가 줄어들게 되었습니다. 촌락의 젊은 사람들이 일자리를 찾아 도시로 이동하였고, 편리한 생활 환경을 갖춘 도시를 ❶선호하는 사람들이 많아졌기 때문입니다.

　촌락에서는 인구 감소로 여러 가지 문제가 발생하였습니다. 젊은 사람들이 일자리가 많고 교육 환경이 좋은 도시로 이동하면서 촌락에는 노인만 남게 되어, 촌락 인구의 ❷고령화가 심각해졌습니다. 노인들만 남은 촌락에서는 일할 사람이 줄어들어, 농촌에서는 농사지을 사람이 부족해지고 어촌에서는 물고기를 잡을 사람이 부족해졌습니다.

　일할 사람이 줄어들자 촌락의 ❸생산량은 감소하였고, 이것은 ❹수입 감소로 이어졌습니다. 내다 팔 물건이 적어져서 벌어들일 수 있는 돈도 줄어든 것입니다. 수입이 적어지자 촌락의 사람들은 다른 일자리를 찾아 도시로 떠나가게 되었고, 이 때문에 촌락의 인구가 더 줄어드는 ❺악순환에 빠지게 되었습니다.

　촌락의 인구가 줄어들면서 촌락에 있던 학교나 병원 등 생활에 꼭 필요한 시설이 다른 곳으로 옮겨 가거나 문을 닫기도 하였습니다. 인구 감소로 시설을 이용할 사람이 줄어들었기 때문입니다. 이러한 변화가 이어지면서 촌락의 생활 환경은 더욱 ❻열악해졌고, 촌락 사람들을 도시로 떠나가게 하는 또 다른 원인이 되었습니다.

　오늘날에는 촌락의 인구가 계속 줄어들고 촌락도 점점 사라져 가고 있습니다. 하지만 촌락의 감소는 사회적으로 큰 문제가 될 수 있습니다. 왜냐하면 도시와 촌락은 서로 도움을 주고받는 ❼상호 의존 관계에 있기 때문입니다. 촌락에서는 1차 산업을 통해 식량이나 원료를 생산하여 도시에 제공하고, 도시에서는 이것을 이용하여 제품을 생산한 뒤에 다시 촌락에 제공하고 있습니다. 촌락이 사라지게 되면 이러한 관계가 깨지고, 우리가 살아가기 위하여 기본적으로 필요한 식량이나 여러 가지 제품 생산에 필요한 원료를 구하는 것도 어려워질 것입니다.

---

❶ **선호하다**: 여럿 가운데서 특별히 가려서 좋아하다.
❷ **고령화**: 전체 인구에서 노인 인구가 차지하는 비율이 높아지는 현상.
❸ **생산량**: 일정한 기간 동안 물건 따위가 생산되는 수량.
❹ **수입**: 돈이나 물품 따위를 거두어들임.
❺ **악순환**: 나쁜 현상이 끊임없이 되풀이됨.
❻ **열악하다**: 품질이나 능력, 시설 따위가 매우 떨어지고 나쁘다.
❼ **상호 의존 관계**: 여러 경제 요소가 서로 맞물려 각기 다른 요소의 원인이 되기도 하고 결과가 되기도 하는 관계.

**1** 이 글의 중심 내용으로 알맞은 것은 어느 것인가요?　　　　　　( 　　 )

① 촌락의 역할　　　　　　　　　② 촌락의 인구 감소

③ 촌락의 발전 가능성　　　　　　④ 촌락과 도시의 변화

⑤ 촌락과 도시의 관계


**2** 이 글의 짜임을 알맞게 설명한 것은 어느 것인가요?　　　　　　( 　　 )

① 공간의 변화에 따라 대상의 특징을 설명하였다.

② 시간의 순서에 따라 대상의 변화 과정을 설명하였다.

③ 두 가지의 다른 대상을 비교하여 공통점을 설명하였다.

④ 어떤 현상의 원인과 영향을 다양한 관점에서 분석하였다.

⑤ 어떤 주제에 대한 주장과 이를 뒷받침하는 근거를 제시하였다.


**3** 다음 빈칸에 들어갈 알맞은 말을 이 글에서 찾아 쓰세요.

> 　촌락에서는 젊은 사람들이 일자리가 많고 교육 환경이 좋은 도시로 이동하면서 노인만 남게 되어 촌락 인구의 ( 　　　　 )이/가 심각해졌다.

( 　　　　　　　 )


**4** 촌락에서 인구 감소로 나타나는 문제는 어느 것인가요? (정답 2개)　　( 　　 )

① 일손 부족　　　　　　　　　　② 주택 부족

③ 교통 혼잡　　　　　　　　　　④ 생산량 감소

⑤ 주민들의 수입 증가

**5** 이 글에서 알 수 있는 내용으로 알맞지 <u>않은</u> 것은 어느 것인가요? (          )

① 사람들은 편리한 생활 환경을 갖춘 곳을 선호한다.

② 젊은 사람들이 떠난 촌락에는 주로 노인들만 남았다.

③ 촌락의 인구가 계속 줄어들면 촌락도 사라질 수 있다.

④ 촌락의 인구가 감소하면서 생활 편의 시설이 늘어났다.

⑤ 도시는 촌락보다 일자리가 많고 교육 환경이 좋은 편이다.

**6** 촌락의 문제를 해결해야 하는 까닭을 <u>잘못</u> 말한 사람의 이름을 쓰세요.

> • 연지: 도시와 서로 도움을 주고받는 상호 의존 관계에 있기 때문이야.
> • 하준: 촌락이 사라지면서 제품 생산에 필요한 원료를 공급받을 수가 없어.
> • 손우: 촌락의 노인 인구가 도시로 이동해 도시의 인구 고령화가 심각해질 거야.
> • 누리: 촌락이 사라지면 우리가 살기 위해 필요한 식량을 구하기 어려워질 거야.

(          )

**7** 이 글의 뒤에 이어서 나올 수 있는 내용으로 알맞은 것은 어느 것인가요? (          )

① 옛날 촌락 사람들의 생활 모습

② 촌락의 문제를 해결하기 위한 방법

③ 촌락의 사람들이 도시로 이동하는 까닭

④ 생활에 필요한 식량을 얻을 수 있는 다양한 방법

⑤ 젊은 사람들이 도시에서의 생활을 선호하는 까닭

**배경＋지식 넓히기**

**촌락의 변화**
오늘날 촌락에서는 촌락의 소득 증대와 생활 환경 개선을 위하여 다양한 노력을 기울이고 있습니다. 지역의 특산물을 개발하여 판매함으로써 수입을 늘리려고 하고, 지역 축제를 열어 관광객을 끌어들이기도 합니다. 또 병원이나 교통 시설 등을 잘 정비하여 생활 환경을 개선하고자 노력하고 있습니다.

**1** 다음 낱말의 뜻으로 알맞은 것을 선으로 이어 보세요.

(1) 수입 •　　　　　• ㉠ 나쁜 현상이 끊임없이 되풀이됨.

(2) 생산량 •　　　　　• ㉡ 돈이나 물품 따위를 거두어들임.

(3) 악순환 •　　　　　• ㉢ 일정한 기간 동안 물건 따위가 생산되는 수량.

**2** 다음 빈칸에 들어갈 말의 뜻을 보고, 알맞은 낱말을 보기 에서 찾아 쓰세요.

보기　　　선호하다　　　열악하다　　　제공하다

(1) 교육 환경이 ＿＿＿＿＿＿＿.
　　　└ 품질이나 능력, 시설 따위가 매우 떨어지고 나쁘다.

(2) 성적 우수자에게 장학금을 ＿＿＿＿＿＿＿.
　　　　　└ 무엇을 내주거나 갖다 바치다.

(3) 여름 휴가지로 산보다 바다를 ＿＿＿＿＿＿＿.
　　　　　└ 여럿 가운데서 특별히 가려서 좋아하다.

**3** 다음 밑줄 친 말의 기본형을 따라 쓰고, 이 말과 반대의 뜻을 가진 낱말을 보기 에서 찾아 쓰세요.

보기　　　감소하다　　　부족하다　　　생산하다

(1) 생활에 필요한 각종 물건을 소비한다.

소비하다 ↔ ＿＿＿＿＿＿

(2) 올해 풍년이 들어서 벼 생산량이 증가하였다.

증가하다 ↔ ＿＿＿＿＿＿

(3) 한 시간이면 숙제를 다 하기에 충분한 시간이다.

충분하다 ↔ ＿＿＿＿＿＿

주제2 사람들이 살아가는 곳

낱말판의 가로, 세로, 대각선에 숨어 있는 낱말을 찾으며,
주제2에서 공부한 용어의 뜻을 다시 한번 떠올려 봐요.

정답 확인

| 분 | 시 | 간 | 공 | 기 | 배 | 도 | 판 | 매 |
|---|---|---|---|---|---|---|---|---|
| 리 | 고 | 령 | 화 | 가 | 출 | 성 | 시 | 임 |
| 수 | 평 | 일 | 자 | 리 | 시 | 공 | 자 | 야 |
| 거 | 주 | 야 | 건 | 물 | 장 | 업 | 생 | 기 |
| 불 | 택 | 병 | 촌 | 락 | 관 | 대 | 산 | 깃 |
| 량 | 지 | 임 | 원 | 손 | 생 | 중 | 량 | 발 |
| 주 | 행 | 제 | 업 | 력 | 미 | 교 | 복 | 장 |
| 택 | 정 | 품 | 질 | 구 | 마 | 통 | 상 | 구 |

**힌트**

❶ 주로 시골에서 볼 수 있는 작은 마을.

❷ 사회, 정치, 경제 활동의 중심이 되는 곳으로 많은 사람이 모여서 살아가는 곳. 반대 촌락, 시골

❸ 산에서 나는 생산물로 경제적 이득을 얻기 위하여 숲을 관리하고 운영하는 사업.

❹ 규정이나 규칙에 따라 공적인 일들을 처리하는 것. 예 지방 □□ 구역

❺ 사람들이 여러 가지 물건을 사고파는 장소.

❻ 땅의 높낮이 변화가 매우 작고 지표면이 평평하고 넓은 들. 비슷 들

❼ 여러 사람이 이용하는 버스, 지하철 따위의 교통. 또는 그러한 교통수단.

❽ 제구실을 하지 못할 정도로 낡고 오래된 주택.

❾ 전체 인구에서 노인 인구가 차지하는 비율이 높아지는 현상.

❿ 일정한 기간 동안 물건 따위가 생산되는 수량. 반대 소비량

주제

# 3

# 소중한
# 문화유산

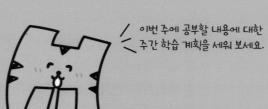

이번 주에 공부할 내용에 대한
주간 학습 계획을 세워 보세요.

| | 공부할 내용 | 교과 연계 | 공부한 날 | 스스로 평가 |
|---|---|---|---|---|
| 1장 | 문화유산이란 무엇일까요 | 사회 3-1 [2단원], 4-1 [2단원] | 월    일 | 😫 😋 😍 |
| 2장 | 보이는 문화유산,<br>보이지 않는 문화유산 | 사회 3-1 [2단원], 4-1 [2단원] | 월    일 | 😫 😋 😍 |
| 3장 | 세계 속에 빛나는 우리 문화 | 사회 4-1 [2단원], 5-2 [2단원] | 월    일 | 😫 😋 😍 |
| 4장 | 십만 원권 지폐가 나온다면<br>어떤 인물이 새겨질까요 | 사회 4-1 [2단원], 5-2 [1단원] | 월    일 | 😫 😋 😍 |

# 1장 문화유산이란 무엇일까요

**매체 독해** 다음 안내장을 보고, 물음에 답해 봅시다.

**어린이 문화재 그림 그리기 대회**

미래의 꿈나무인 어린이들에게 문화재를 직접 보고 표현할 수 있는 기회를 제공하여, 우리 문화재의 가치와 아름다움을 느끼고 나아가 우리 문화재를 아끼는 마음을 가질 수 있도록 '제25회 어린이 문화재 그림 그리기' 대회를 개최합니다.

| | |
|---|---|
| 1. 대회 개요 | ✔일시: 20○○년 ○○월 ○○일 14:00~17:00<br>✔장소: 국립△△박물관 잔디 광장<br>✔주최: 문화체육관광부, 국립△△박물관 |
| 2. 참가 자격 | ✔초등학교 1~6학년(지역 제한 없음) |
| 3. 신청 및 접수 방법 | ✔국립△△박물관 누리집 혹은 전자 우편 접수 |
| 4. 대회 진행 방법 | ✔박물관 전시실의 유물을 자유롭게 표현합니다.<br>✔그림 도구(크레파스, 색연필, 물감 등)는 참가자가 준비해야 합니다.<br>(도화지는 접수처에서 제공) |
| 5. 주의 사항 | ✔참가자는 접수 확인 후 대회장에 입장합니다.<br>✔전시된 문화재나 시설물이 망가지지 않도록 조심합니다. |

**1** 위 대회를 개최하는 목적으로 알맞은 것은 어느 것인가요? (정답 2개) ( )

① 문화재를 보호하기 위해서

② 문화재를 평가하기 위해서

③ 문화재의 종류를 파악하기 위해서

④ 문화재를 아끼는 마음을 갖게 하기 위해서

⑤ 문화재의 가치를 느낄 수 있도록 하기 위해서

**2** 안내장의 내용으로 옳은 것에는 ○표, 옳지 않은 것에는 ×표 하세요.

(1) 오후 2시 전에 박물관에 도착해야 한다. ( )

(2) 전시된 문화재가 망가지지 않도록 조심해야 한다. ( )

(3) 그림 도구와 도화지는 미리 준비해서 가지고 가야 한다. ( )

　서울특별시에 있는 경복궁과 덕수궁, 경상북도 경주시에 있는 불국사와 석굴암, 충청남도 부여군에 있는 백제 금동대향로, 전라남도 진도군의 강강술래에 대해 들어 본 적이 있나요? 이것들의 공통점은 무엇일까요? 바로 '문화유산'이라는 것입니다. 문화유산은 우리 조상들이 지었던 건축물, 만들었던 도구, 예술 활동, 기술 등 우리 조상 대대로 전해 내려온 문화 중에서 다음 세대에 물려줄 만한 가치가 있는 것을 뜻합니다.

　문화유산은 우리 주변에서 얼마든지 찾아볼 수 있습니다. 가정에서 전해 내려오는 조상들의 생활 도구부터 현재 우리가 살고 있는 고장에 있는 건축물까지, 문화유산은 우리의 생활에서 그리 멀지 않은 곳에 있습니다. 보물과 국보 등이 전시되어 있는 박물관을 ❶견학하면 문화유산을 직접 눈으로 살펴볼 수 있으며, 책이나 인터넷을 통해서도 문화유산을 찾아볼 수 있습니다. 궁궐이나 ❷성곽, 옛 사람들의 주거지 등 역사적 사건이 일어났던 유적지를 직접 ❸답사하면 우리의 문화유산을 생생하게 느낄 수도 있습니다.

　문화유산은 유형 문화재와 무형 문화재, 기념물, 민속 문화재로 구분됩니다. 유형 문화재는 눈으로 볼 수 있고 손으로 만질 수 있는 궁궐, 석탑, 도자기, 책 등을 말하며, 무형 문화재는 손으로 만질 수는 없지만 사람의 ❹행위로 나타나는 판소리, 탈춤 등을 말합니다. 기념물은 궁궐터, 동굴과 같이 ❺사적지 중에서 역사적으로 가치가 큰 곳이나 아름다운 경치를 가진 장소를, 민속 문화재는 가옥이나 의복, 생활 도구와 같이 조상들의 생활 모습을 이해하는 데 필요한 자료를 말합니다.

　문화유산은 조상들의 의식주 생활뿐만 아니라 사고방식, 여가 생활 등 다양한 모습을 보여 주기 때문에 과거의 삶을 이해하기 위한 중요한 자료가 됩니다. 또한 조상들의 지혜를 배울 수 있으며, 조상들의 슬기와 멋을 알 수 있다는 점에서도 중요합니다. 따라서 우리는 문화유산을 바르게 관리하고 보호하여 다음 세대에 물려줄 수 있도록 노력해야 합니다. 나아가 문화유산을 ❻보존하는 것의 중요성을 아는 데에 그치지 않고, 우리의 문화유산을 적극적으로 조사하고 찾아내어 널리 알려 나가야 합니다.

---

❶ **견학하다**: 실지로 보고 그 일에 관한 구체적인 지식을 넓히다.

❷ **성곽**: 적을 막기 위하여 흙이나 돌 따위로 높이 쌓아 만든 담.

❸ **답사하다**: 현장에 가서 직접 보고 조사하다.

❹ **행위**: 사람이 의지를 가지고 하는 짓.

❺ **사적지**: 역사적으로 중요한 사건이나 시설의 자취가 남아 있는 곳.

❻ **보존하다**: 잘 보호하고 간수하여 남기다.

**1** 이 글의 중심 낱말은 무엇인지 쓰세요.

( 소중한 문화유산 )

**2** 이 글에서 알 수 있는 내용이 <u>아닌</u> 것은 어느 것인가요? ( )

① 문화유산의 뜻
② 문화유산의 종류
③ 문화유산의 중요성
④ 문화유산을 볼 수 있는 곳
⑤ 문화유산을 홍보하기 위한 방법

**3** 문화유산을 찾아볼 수 있는 방법으로 알맞지 <u>않은</u> 것은 어느 것인가요? ( )

① 유적지 답사하기
② 박물관 견학하기
③ 인터넷 검색하기
④ 가족 앨범 살펴보기
⑤ 고장의 건축물 살펴보기

**4** 문화유산에 대해 바르게 설명한 사람의 이름을 모두 쓰세요.

- 선빈: 보물과 국보는 우리의 소중한 문화유산이야.
- 승원: 손으로 만질 수 없는 것은 문화유산이 아니야.
- 태윤: 조상들이 사용했던 생활 도구는 문화유산으로 볼 수 없어.
- 지혜: 박물관에 가지 않아도 문화유산을 찾아볼 수 있는 방법이 있어.

( )

**5** 문화유산의 종류와 그 예시를 선으로 이어 보세요.

(1) 기념물 •

(2) 무형 문화재 •

(3) 민속 문화재 •

(4) 유형 문화재 •

• ㉠ 가옥, 의복

• ㉡ 판소리, 탈춤

• ㉢ 궁궐터, 동굴

• ㉣ 궁궐, 석탑, 도자기, 책

**6** 문화유산이 가치 있는 까닭으로 알맞지 <u>않은</u> 것은 어느 것인가요? (　　　)

① 조상들의 지혜를 배울 수 있다.

② 조상들의 슬기와 멋을 알 수 있다.

③ 옛 사람들의 의식주 생활을 알 수 있다.

④ 과거의 삶을 이해하기 위한 자료가 된다.

⑤ 세계적으로 우리 문화를 인정받을 수 있다.

**7** 문화유산을 보존하는 방법으로 알맞은 것에는 ○표, 알맞지 <u>않은</u> 것에는 ×표 하세요.

(1) 문화유산이 망가지지 않도록 잘 관리한다. (　　　)

(2) 문화유산을 조사하고 찾아내어 널리 알린다. (　　　)

(3) 심하게 훼손된 문화유산을 더 새롭고 아름답게 만들어 낸다. (　　　)

(4) 문화유산을 보존하는 것이 중요하다는 생각만으로도 충분하다. (　　　)

**세계의 문화유산**

유네스코에서는 세계의 수많은 문화유산 중에서 인류가 꼭 보존해야 할 가치가 있는 문화유산을 선정하여 특별히 보호하고 관리하고 있습니다. 우리나라에서는 석굴암과 불국사, 수원 화성, 창덕궁, 종묘 등이 세계 문화유산으로 지정되어 있습니다.

**1** 다음 빈칸에 들어갈 말의 뜻을 보고, 알맞은 낱말을 보기 에서 찾아 쓰세요.

> 보기    견학하다    답사하다    보존하다

(1) 전통문화를 고스란히 ＿＿＿＿＿＿＿.
    └ 잘 보호하고 간수하여 남기다.

(2) 부모님과 함께 기차 박물관을 ＿＿＿＿＿＿＿.
    └ 실지로 보고 그 일에 관한 구체적인 지식을 넓히다.

(3) 우리 마을에 있는 조선 시대의 기와집을 ＿＿＿＿＿＿＿.
    └ 현장에 가서 직접 보고 조사하다.

**2** 다음 중 다른 낱말을 모두 포함하는 낱말을 골라 ○표 하세요.

(1) | 책 | 탈춤 | 도자기 | 판소리 | 문화유산 |

(2) | 동굴 | 성터 | 궁궐터 | 기념물 |

**3** 다음 문장에서 '쓰이다'가 어떤 뜻으로 사용되었는지 번호를 쓰세요.

> 쓰이다
> ① 어떤 일을 하는 데에 재료나 도구, 수단이 이용되다.
> ② 어떤 일에 마음이나 관심이 기울여지다.
> ③ 어떤 말이나 언어가 사용되다.

(1) 오늘날에는 농사에 기계가 많이 쓰인다.                    (      )

(2) 친구에게 신경이 쓰여 수업에 집중할 수가 없었다.          (      )

(3) 캐나다에서는 영어와 프랑스어가 공용어로 쓰인다.          (      )

**2장** <sup></sup>보이는 문화유산,
보이지 않는 문화유산

**매체 독해** 다음 인터넷 검색 결과를 보고, 물음에 답해 봅시다.

---

← → ↻ ⌂　　　　문화유산　　　　　　　　　　　　　Q 　＋ ⧉

**연관 검색어**　문화재　　유형 문화재　　무형 문화재　　유네스코　　국립중앙박물관

**〉문화재청**

🌀 www.cha.go.kr

문화재청 공식 누리집입니다. 국보, 보물 등의 문화재, 유네스코에 등재된 문화유산 등 우리나라의 문화유산 정보를 제공합니다.

**〉백과사전**

**문화유산**: 조상 대대로 전해 내려온 문화 중에서 다음 세대에 물려줄 만한 가치가 있는 것. 형태가 있는 유형 문화재와 형태가 없는 무형 문화재 등이 있음.

**〉관련 이미지**

| 경복궁 | 불국사 | 첨성대 | 판소리 |

---

**1** 인터넷 검색 결과에서 알 수 있는 내용으로 알맞지 <u>않은</u> 것은 어느 것인가요? (　　　　　)

① 문화유산에는 유형 문화재와 무형 문화재 등이 있다.

② 문화유산은 조상들이 남긴 문화 중 가치가 있는 것을 가리킨다.

③ 대표적인 문화유산으로는 경복궁, 불국사, 첨성대, 판소리 등이 있다.

④ 문화재청은 우리나라의 문화유산 정보를 제공하는 누리집을 운영한다.

⑤ 유네스코에 등재된 문화유산에 대한 정보는 문화재청 누리집에서 찾을 수 없다.

**2** 다음 중 다른 문화유산들과 형태가 다른 것을 골라 ○표 하세요.

| 경복궁 | 불국사 | 첨성대 | 판소리 |

(　　　　　) (　　　　　) (　　　　　) (　　　　　)

　　문화유산은 크게 유형 문화재와 무형 문화재로 구분됩니다. 먼저 유형 문화재는 형태가 있어 눈에 보이는 문화유산입니다. 우리가 박물관에 가면 볼 수 있는 책이나 도자기, 각종 생활 도구나 발명품 등이 모두 유형 문화재에 속합니다. 이 외에도 불상이나 석탑, 궁궐이나 ❶사찰과 같은 건축물들도 모두 유형 문화재입니다.

　　유형 문화재 중 그 가치가 특히 높은 것은 보물과 국보로 ❷지정되어 보호를 받습니다. 보물과 국보는 특별한 기준에 의해 엄격하게 구분되어지는 것은 아니지만, 일반적으로 보물은 역사적, 예술적, ❸학술적 가치가 높은 문화재를 말합니다. 우리나라의 대표적인 보물로는 '동대문'으로 알려진 서울 흥인지문, 경주 석빙고 등이 있습니다. 국보는 보물의 가치가 있는 것 중에서 시대를 대표하거나 ❹연대가 오래된 것으로, 대표적인 국보로는 '남대문'으로 알려진 서울 숭례문, 경주 불국사 삼층 석탑, 성덕 대왕 신종 등이 있습니다. 이 외에도 경복궁, 경주 불국사와 석굴암, 수원 화성 등이 우리나라의 대표적인 유형 문화재입니다.

　　다음으로 무형 문화재는 형태가 없어 눈에 보이지 않는 문화유산을 가리킵니다. 무형 문화재에는 노래나 춤, 공연과 같은 예술 활동뿐만 아니라 각종 물건을 만들어 낼 수 있는 기술이 포함됩니다. 또한 예술 활동을 하거나 기술을 가지고 있는 사람 자체를 무형 문화재로 지정하는 경우도 있습니다. 이처럼 사람이 어떤 행위를 하거나 행동으로 표현해야만 볼 수 있는 문화유산을 무형 문화재라고 합니다.

　　우리나라에는 어떤 무형 문화재가 있을까요? 종묘 제례악은 조선 시대 ❺역대 왕과 왕비의 제사를 지낼 때 연주하던 음악으로, 우리 문화의 독창성과 우수성을 잘 보여 줍니다. 판소리는 한 명의 소리꾼이 북을 치는 사람의 장단에 맞추어 긴 이야기를 노래나 말, 몸짓으로 표현하는 예술입니다. 또 전통 기술을 보유한 사람들로 화살통을 만드는 기술을 가진 전통장, 옹기를 만드는 기술을 가진 옹기장 등이 있습니다. 이 외에도 봉산 탈춤, 안동 차전놀이, 강강술래 등이 우리나라의 무형 문화재에 해당됩니다.

----

❶ **사찰**: 승려가 불상을 모시는 절.
❷ **지정**: 관공서, 학교, 회사, 개인 등이 어떠한 것에 특정한 자격을 줌.
❸ **학술적**: 학문과 기술에 관한 것.
❹ **연대**: 지나간 시간을 일정한 햇수로 나눈 것.
❺ **역대**: 대대로 이어 내려온 여러 대. 또는 그동안.

**1** 다음 빈칸에 알맞은 낱말을 넣어 이 글에서 설명하고 있는 두 가지의 문화유산을 쓰세요.

> 형태가 있는 (            ) 문화재, 형태가 없는 (            ) 문화재

**2** 이 글의 짜임을 바르게 설명한 것은 어느 것인가요?　　　　　　　(　　　　)

① 시간의 순서에 따라 설명하였다.

② 공간의 변화에 따라 설명하였다.

③ 대상을 종류별로 나누어 설명하였다.

④ 어떤 주제에 대한 주장과 근거를 제시하였다.

⑤ 몇 가지 주제에 대하여 질문을 하고 이에 대한 답을 제시하였다.

**3** 유형 문화재에 대한 설명으로 알맞은 것을 보기 에서 모두 골라 기호를 쓰세요.

> 보기  ㉠ 보물과 국보는 유형 문화재이다.
> ㉡ 조상들이 만들었던 발명품이 포함된다.
> ㉢ 물건을 만들어 낼 수 있는 기술이 포함된다.
> ㉣ 보물과 국보로 지정되지 않은 문화재는 유형 문화재로 볼 수 없다.

　　　　　　　　　　　　　　(　　　　　　　　　　)

**4** 유형 문화재의 종류와 그 예시를 선으로 이어 보세요.

(1)　국보　•　　　　　•㉠　서울 흥인지문, 경주 석빙고

(2)　보물　•　　　　　•㉡　서울 숭례문, 경주 불국사 삼층 석탑

**5** 무형 문화재에 해당하지 <u>않는</u> 것은 어느 것인가요?　　　　　　　　　　(　　　　　)

① 형태가 없는 문화유산

② 기술을 가지고 있는 사람

③ 물건을 만들 수 있는 기술

④ 노래, 춤, 공연 등의 예술 활동

⑤ 옛날부터 전해 내려오는 생활 도구

**6** 무형 문화재에 대한 설명으로 옳은 것에는 ○표, 옳지 <u>않은</u> 것에는 ×표 하세요.

(1) 문화유산 중 눈에 보이지 않는 것을 말한다.　　　　　　　　　(　　　　　)

(2) 사람이 행동으로 표현하지 않아도 볼 수 있다.　　　　　　　　(　　　　　)

(3) 우리나라의 대표적인 무형 문화재로는 판소리가 있다.　　　　(　　　　　)

(4) 옹기장은 화살통을 만드는 기술을 가진 사람을 말한다.　　　　(　　　　　)

**7** 이 글을 읽은 후의 반응이 <u>잘못된</u> 사람은 누구인가요?　　　　　　　　(　　　　　)

① 승아: 남대문이 국보라니 더욱 소중히 보호해야겠어.

② 지우: 박물관에 가서 유형 문화재인 도자기에 대해 조사할 계획이야.

③ 재연: 무형 문화재에 대한 관심이 생겨서 주말에 봉산 탈춤 공연을 보러 갔어.

④ 다은: 옹기를 만드는 장인이 나오는 다큐멘터리를 보고 훌륭한 문화재라고 느꼈어.

⑤ 지환: 종묘 제례악은 무형 문화재이지만 종묘 제례악을 연주하는 사람은 문화재가 될 수 없어.

**불타 버린 국보, 숭례문**

2008년에 우리나라의 대표적인 국보인 숭례문이 불타는 사건이 발생했습니다. 숭례문은 이전과 같은 모습으로 복원되었지만, 이 사건 이후 국보로서의 가치를 잃은 것이 아니냐는 의견에 맞닥뜨리게 되었습니다. 그러나 도성의 정문으로서의 역할과 숭례문에 담긴 역사적인 의미를 고려하여 숭례문은 여전히 국보의 지위를 유지하게 되었습니다.

**1** 다음 낱말의 뜻으로 알맞은 것을 선으로 이어 보세요.

(1) 사찰 •　　　　　• ㉠ 승려가 불상을 모시는 절.

(2) 역대 •　　　　　• ㉡ 대대로 이어 내려온 여러 대.

(3) 연대 •　　　　　• ㉢ 지나간 시간을 일정한 햇수로 나눈 것.

(4) 지정 •　　　　　• ㉣ 관공서, 학교, 회사, 개인 등이 어떠한 것에 특정한 자격을 줌.

**2** 다음 문장에 들어갈 말을 바르게 쓴 것에 ○표 하세요.

(1) 시험이 끝난 후 정답을 ( 맞히다 / 맞히다 ).

(2) ( 어떡해 / 어떻게 ) 해야 할지 감이 오지 않는다.

(3) 이사를 온 이후로 인터넷 연결이 ( 안된다 / 않된다 ).

**3** 다음 문장에서 '보다'가 어떤 뜻으로 사용되었는지 번호를 쓰세요.

보다
① 눈으로 대상을 즐기거나 감상하다.
② 대상의 내용이나 상태를 알기 위하여 살피다.
③ 상대방의 형편 따위를 헤아리다.

(1) 유건이의 사정을 보니 딱하게 되었다. (　　　)

(2) 민희는 연극을 보는 재미로 극장에서 일한다. (　　　)

(3) 석훈이는 과학 실험을 하기 위해 현미경을 보았다. (　　　)

 **매체 독해** 다음 리플릿을 보고, 물음에 답해 봅시다.

빛나는
창덕궁

창덕궁은 조선의 왕들이 가장 오랜 기간 살았던 궁궐입니다. 태종 임금 때에 지어졌으며, 창경궁과 함께 '동궐'이라고도 불렸습니다.

창덕궁은 북악산의 산줄기를 따라 건물이 배치되어 우리나라 궁궐 건축의 아름다움을 잘 보여 주고 있습니다.

**관람 정보**
• 관람 시간 - 09:00~18:00
  (매주 월요일은 휴관)
• 관람 요금 - 3,000원
  (어린이, 고령자는 무료)

창덕궁은 현재 남아 있는 조선의 궁궐 중에서 그 원래 모습이 가장 잘 보존되어 있고, 자연과 조화롭게 어우러지면서 그 안에 우리나라의 전통 문화를 담고 있어 유네스코 세계 문화유산으로 등재되었습니다.

昌德宮

**1** 리플릿에서 알 수 있는 내용이 <u>아닌</u> 것은 어느 것인가요? ( )

① 창덕궁의 안내도  ② 창덕궁의 아름다움

③ 창덕궁이 지어진 시대  ④ 창덕궁의 또 다른 이름

⑤ 창덕궁을 관람할 수 있는 시간

**2** 창덕궁에 대한 설명으로 알맞은 것을  에서 모두 골라 기호를 쓰세요.

> 보기
> ㉠ 조선 태조 임금 때에 지어진 궁궐이다.
> ㉡ 유네스코 세계 문화유산으로 등재되어 있다.
> ㉢ 조선의 궁궐 중에서 가장 오래된 건축물이다.
> ㉣ 조선의 궁궐 중에서 원래 모습이 가장 잘 보존되어 있다.

( )

**①**유네스코는 세계 문명의 **②**발자취를 연구하는 데 중요한 유적지나 장소, 건축물 등을 세계적으로 보호해야 하는 인류의 유산으로 지정합니다. 이렇게 지정된 것들을 '세계 문화유산'이라고 하는데, 세계 문화유산은 세계 여러 나라의 문화유산 중에서 모든 인류에게 **③**보편적으로 가치가 있어 보호하고 보존해야 할 대상입니다. 그렇다면 세계 문화유산으로 지정된 우리나라의 대표적인 유적지, 장소, 건축물을 살펴볼까요?

백제 역사 유적 지구는 백제의 옛 수도였던 충청남도 공주시와 부여군, 백제의 중심 지역이었던 전라북도 익산시의 세 지역에 속해 있는 8개의 유산을 가리킵니다. 우리는 백제 역사 유적 지구에 남아 있는 문화유산을 통해 당시의 종교, 건축 기술 등을 알 수 있으며, 백제의 고유한 문화와 예술성을 확인할 수 있습니다. 더불어 이곳은 먼 옛날 백제가 중국, 일본과 서로 소통하며 발전하였다는 것을 알 수 있는 중요한 유적지입니다.

서울특별시에 있는 종묘는 조선 시대 왕과 왕비의 **④**신위를 모시고 제사를 지낸 장소로, 조상을 모시는 전통적인 **⑤**가치관과 유교적인 인식이 결합된 곳입니다. 또한 종묘에서 제사를 지내는 의식인 종묘 제례와 종묘 제례 때 쓰던 음악인 종묘 제례악 역시 그 문화적 가치가 매우 높습니다. 종묘를 통해 우리는 조선 왕실의 상징성과 **⑥**정통성을 엿볼 수 있습니다.

경기도 수원시에 있는 화성은 조선 정조 임금 때에 신도시를 건설하기 위한 방어 목적으로 만들어진 성곽입니다. 화성은 성곽을 지을 때 기존 성곽들의 문제점을 개선하고 서양의 새로운 과학 기술과 지식을 적극적으로 활용했다는 점에서 의미가 있습니다. 또한 이때 새롭게 사용한 거중기, **⑦**녹로 등은 당시의 우수한 건축 기술을 보여 주는 중요한 문화유산입니다.

이 외에도 우리나라의 경주 역사 유적 지구, 석굴암과 불국사, 창덕궁, 조선 왕릉, 해인사 장경판전, 남한산성 등이 세계 문화유산에 등재되어 있습니다. 이렇게 우리나라의 다양한 문화유산이 세계 문화유산으로서 그 가치와 우수성을 인정받고 있는 만큼, 우리 문화유산의 소중한 가치를 스스로 깨닫고 잘 보존하는 것이 매우 중요합니다. 자랑스러운 우리 문화유산를 먼저 알아가려고 노력해 보는 것은 어떨까요?

--------------------------------------------------------

**①** **유네스코**: 세계적으로 가치 있는 인류의 유산을 지키고 있는 국제기구.
**②** **발자취**: 지나온 과거의 과정을 비유적으로 이르는 말.
**③** **보편적**: 모든 것에 두루 미치거나 통하는 것.
**④** **신위**: 죽은 사람의 이름을 적은 나무패를 모시는 자리.
**⑤** **가치관**: 인간이 자기를 포함한 세계나 여러 가지 사물이나 현상에 대하여 가지는 일정한 생각이나 기준.
**⑥** **정통성**: 전통을 정식으로 이어받는 자격.
**⑦** **녹로**: 도르래를 이용해 물건을 높은 곳으로 옮기는 장치.

**1** 이 글의 제목으로 알맞은 것은 어느 것인가요?　　　　　　　　　　　( 　　　 )

① 세계 문화유산의 구분

② 우리나라의 세계 문화유산

③ 세계 문화유산의 지정 기준

④ 세계 문화유산의 등재를 위한 노력

⑤ 문화유산 보호를 위한 유네스코의 노력


**2** 이 글을 내용상 크게 세 부분으로 나눌 때 알맞은 것은 어느 것인가요?　　( 　　　 )

① 1문단 / 2문단, 3문단, 4문단 / 5문단

② 1문단 / 2문단 / 3문단, 4문단, 5문단

③ 1문단, 2문단 / 3문단, 4문단 / 5문단

④ 1문단, 2문단 / 3문단 / 4문단, 5문단

⑤ 1문단, 2문단, 3문단 / 4문단 / 5문단


**3** 우리나라의 세계 문화유산으로 알맞은 것을 모두 골라 ○표 하세요.

▲ 불국사

( 　　　　　 )

▲ 창경궁

( 　　　　　 )

▲ 남한산성

( 　　　　　 )


**4** 백제 역사 유적 지구에 대한 설명으로 알맞은 것을 보기 에서 모두 골라 기호를 쓰세요.

> 보기　　㉠ 총 여덟 개의 유산으로 이루어져 있다.
>
> 　　　　㉡ 고구려의 고유한 문화와 예술성을 알 수 있다.
>
> 　　　　㉢ 백제가 중국, 일본과 소통하면서 발전했다는 사실을 보여 준다.
>
> 　　　　㉣ 백제의 옛 수도였던 세 지역인 공주시, 부여군, 익산시에 속해 있다.

( 　　　　　 )

**5** 다음에서 설명하는 우리나라의 세계 문화유산을 이 글에서 찾아 쓰세요.

> 조선 왕실의 상징성과 정통성을 알 수 있으며, 전통적인 가치관과 유교적인 인식이 결합된 문화유산이다.

(             )

**6** 수원 화성에 대한 설명으로 알맞지 <u>않은</u> 것은 어느 것인가요? (     )

① 경기도에 있는 조선 시대의 성곽이다.

② 거중기, 녹로 등 새로운 장비를 사용하여 지었다.

③ 서양의 새로운 과학 기술을 적극적으로 활용하였다.

④ 신도시를 건설하기 위한 방어 목적으로 만들어졌다.

⑤ 전쟁 때 대부분 파괴되어 세워진 당시의 특성이 많이 사라졌다.

**7** 다음은 미래가 이 글을 읽고 든 생각을 말한 것입니다. 밑줄 친 부분에 들어갈 알맞은 말은 어느 것인가요? (     )

> 우리나라의 꽤 많은 문화유산이 세계 문화유산에 등재되어 있다는 것을 알게 되었어. 이제라도 우리 문화유산을 _____하기 위해 노력해야겠어.

① 도굴            ② 배척            ③ 보존

④ 제작            ⑤ 훼손

**우리나라 최초의 크레인, 거중기**

크레인이 없던 옛날에는 건물이나 성을 어떻게 지었을까요? 옛날 사람들은 가축을 이용하거나 직접 힘을 써 성을 쌓았습니다. 시간이 흘러 조선 후기에 정약용이 무거운 물건을 들어올리는 기계인 거중기를 발명하면서 편리하고 효율적으로 수원 화성을 쌓을 수 있게 되었습니다.

**1** 다음의 뜻을 가진 낱말을 보기 에서 찾아 쓰세요.

> 보기    가치관    발자취    보편적    정통성

(1) 전통을 정식으로 이어받는 자격. ( )

(2) 모든 것에 두루 미치거나 통하는 것. ( )

(3) 지나온 과거의 과정을 비유적으로 이르는 말. ( )

(4) 인간이 자기를 포함한 세계나 여러 가지 사물이나 현상에 대하여 가지는 일정한 생각
이나 기준. ( )

**2** 다음 문장에 들어갈 알맞은 낱말을 골라 ◯표 하세요.

(1)
나는 축구 모임에 ( 적극적 / 적대적 )으로 참여하였다.
호랑이와 사자는 서로 영역 다툼을 하는 ( 적극적 / 적대적 )인 동물이다.

(2)
멀리 있는 가족과 이메일을 주고받으며 ( 개통하다 / 소통하다 ).
오래된 휴대 전화를 버리고 새 휴대 전화를 사서 ( 개통하다 / 소통하다 ).

**3** 다음 문장에서 '수도'가 어떤 뜻으로 사용되었는지 번호를 쓰세요.

> 수도
> ① 한 나라의 중앙 정부가 있는 도시.
> ② 먹는 물이나 공업에 쓰는 물을 관을 통하여 보내 주는 시설.

(1) 우리나라의 수도는 서울특별시이다. ( )

(2) 한 나라의 수도는 정치, 경제, 문화의 중심지이다. ( )

(3) 아프리카의 한 마을에 우물을 파고 수도를 설치하였다. ( )

# 십만 원권 지폐가 나온다면 어떤 인물이 새겨질까요

 **매체 독해** 다음 학급 게시판을 보고, 물음에 답해 봅시다.

---

**선생님** · 1시간 전

동전과 지폐에는 그 나라를 대표하는 인물이나 건물, 물건 등이 그려져 있습니다. 각 나라를 ㉠대표하는 상징성을 쉽게 표현할 수 있기 때문이죠. 만약 우리나라에서 새로운 지폐를 만든다면 어떤 인물을 새길 수 있을까요?
여러분이 생각하는 인물과 그렇게 생각한 까닭을 댓글로 달아 주세요.

댓글 달기 | 공유하기 | 좋아요 | ♥3

> **수빈** · 30분 전
> 조선 시대 최고의 과학자 장영실이요. 장영실은 여러 분야에서 뛰어난 발명품을 만들어 우리나라의 과학 기술이 발전하는 데 큰 역할을 하였기 때문입니다.
>
> > ㉡

---

**1** ㉠과 의미가 비슷한 말은 어느 것인가요? ( )

① 대표성 ② 예술성 ③ 주도성
④ 혁신성 ⑤ 확실성

**2** ㉡에 들어갈 댓글 내용을 **잘못** 적은 사람의 이름을 쓰세요.

> • 지우: 3·1 운동을 이끈 독립운동가인 유관순이 좋을 것 같습니다.
> • 은진: 조선 시대에 사람들이 편리하게 이용할 수 있는 대동여지도를 만든 김정호가 좋을 것 같습니다.
> • 현성: 제 짝꿍은 공부도 잘하고 노래도 잘해요. 새로운 지폐가 만들어진다면 제 짝꿍을 넣으면 좋겠습니다.

( )

우리가 흔히 사용하는 지폐 속에는 우리나라를 대표하는 인물들이 그려져 있으며, 이와 함께 대표적인 건축물이나 발명품, 그림 등의 문화유산도 숨어 있습니다. 우선 천 원권 지폐의 앞면에는 조선 시대의 대표적인 **❶**학자인 퇴계 이황과 그가 오래 머무르며 공부를 했던 건물인 명륜당이 그려져 있습니다. 또한 지폐의 뒷면에는 이황이 세운 **❷**서당과 그 주변 풍경을 담은 그림인 「계상정거도」가 그려져 있습니다. 이 그림은 조선 시대의 화가인 겸재 정선이 그린 것으로, 우리만의 **❸**독자적인 **❹**화풍으로 풍경을 그렸다는 의의가 있는 작품입니다.

오천 원권의 주인공은 율곡 이이입니다. 율곡 이이는 퇴계 이황과 함께 손꼽히는 조선 시대의 학자로, 오천 원권의 앞면에는 이이와 그가 태어난 장소인 오죽헌의 몽룡실이 나란히 그려져 있습니다. 또한 지폐의 뒷면에는 이이의 어머니인 신사임당이 그린 그림인 「초충도」의 일부가 그려져 있습니다.

만 원권 지폐의 앞면에는 세종 대왕이 그려져 있습니다. 세종 대왕은 한글을 **❺**창제한 임금으로, 여러 가지 과학 기구를 제작하였으며 백성을 위하여 많은 일을 하였습니다. 세종 대왕의 옆에는 왕의 강력한 권력을 상징하는 그림인 「일월오봉도」가 그려져 있습니다. 또한 지폐의 뒷면에는 조선 시대의 뛰어난 과학 기술을 엿볼 수 있는 문화유산인 혼천의와 천문도인 「천상열차분야지도」 등이 그려져 있습니다.

오만 원권에 새겨져 있는 인물은 율곡 이이의 어머니로 잘 알려진 신사임당입니다. 신사임당은 시, 그림, 글씨 등에 **❻**능통했던 예술가로, 오만 원권 앞면에는 신사임당과 신사임당의 그림으로 알려진 「묵포도도」와 「초충도수병」이 함께 그려져 있습니다. 또한 오만 원권의 뒷면에는 신사임당이 살았던 당시의 매화 그림 중에서 가장 빼어난 작품이라고 평가받는 어몽룡의 「월매도」가 그려져 있습니다.

지폐는 한 나라의 정체성을 드러내는 역할을 합니다. 따라서 만약 십만 원권 지폐가 나온다면 그 속에는 우리나라를 대표할 수 있는 상징적인 인물이 들어갈 것입니다. 그리고 그 인물과 관련된 장소나 물건, 그림이 새겨질 것입니다. 여러분은 누가 될 것이라고 예상하나요?

---

❶ **학자**: 학문을 연구하는 사람.
❷ **서당**: 학문을 사사로이 가르치던 곳.
❸ **독자적**: 다른 것과 구별되는 혼자만의 특유한 것.
❹ **화풍**: 그림을 그리는 방식이나 양식.
❺ **창제**: 전에 없던 것을 처음으로 만들거나 제정함.
❻ **능통하다**: 사물의 이치나 기술을 훤히 잘 알거나 잘 다루다.

**1** 다음 빈칸에 알맞은 낱말을 넣어 이 글의 제목을 완성하세요.

> 우리나라의 ( ) 속 인물과 문화유산

**2** 이 글을 쓴 목적으로 알맞은 것은 어느 것인가요? ( )

① 상대방에게 필요한 것을 요구하기 위해서
② 무엇인가를 잘 이해하도록 설명하기 위해서
③ 여행을 갔다가 보고 느낀 점을 기록하기 위해서
④ 자신의 뜻을 따르도록 다른 사람을 설득하기 위해서
⑤ 상대방의 의견과 다른 자신의 의견을 주장하기 위해서

**3** 이 글에 나온 신사임당의 그림으로 알맞은 것은 어느 것인가요? (정답 2개) ( )

① 「월매도」
② 「묵포도도」
③ 「계상정거도」
④ 「일월오봉도」
⑤ 「초충도수병」

**4** 다음 지폐의 앞면에 그려진 인물을 바르게 짝 지은 것을 모두 골라 ○표 하세요.

| 퇴계 이황 | 겸재 정선 | 세종 대왕 | 율곡 이이 |
|---|---|---|---|
| ( ) | ( ) | ( ) | ( ) |

**5** 천 원권 지폐와 만 원권 지폐에 그려진 문화유산을 보기 에서 골라 쓰세요.

보기    명륜당    혼천의    「계상정거도」    「천상열차분야지도」

(1) _____ 천 원권

(2) _____ 만 원권

**6** 우리나라의 지폐에 대한 설명으로 알맞지 <u>않은</u> 것은 어느 것인가요?    (        )

① 만 원권 지폐의 앞면에는 몽룡실이 그려져 있다.

② 우리나라의 모든 지폐의 앞면에는 인물이 그려져 있다.

③ 천 원권, 오천 원권, 만 원권, 오만 원권의 네 가지가 있다.

④ 천 원권 지폐의 뒷면에는 겸재 정선의 그림이 그려져 있다.

⑤ 오만 원권 지폐의 앞면에는 신사임당과 그의 작품이 함께 그려져 있다.

**7** 이 글의 내용을 다음과 같이 요약할 때 빈칸에 들어갈 알맞은 말을 쓰세요.

지폐에는 나라를 대표하는 상징적인 인물과 건축물, 발명품, 그림 등의 문화유산이 그려져 있다. 따라서 지폐는 한 나라의 (            )을/를 드러내는 역할을 한다고 볼 수 있다.

**천재적인 예술가, 신사임당**

신사임당은 오랜 시간 동안 '율곡 이이의 어머니'로 알려져 있었습니다. 그러나 최근에는 신사임당의 그림, 글씨, 시가 주목받게 되면서 그녀의 천재적인 예술성이 강조되고 있습니다. 특히 신사임당의 작품 중 「초충도」는 풀과 풀벌레를 살아 있는 듯 섬세하게 그려 낸 것이 특징인데, 그림을 마당에 내놓고 볕에 말리려 하자 닭이 와서 쪼아 종이가 뚫릴 뻔했다는 일화가 전해집니다.

**1** 다음 낱말의 뜻으로 알맞은 것을 선으로 이어 보세요.

(1) 서당 •                • ㉠ 학문을 연구하는 사람.

(2) 창제 •                • ㉡ 그림을 그리는 방식이나 양식.

(3) 학자 •                • ㉢ 학문을 사사로이 가르치던 곳.

(4) 화풍 •                • ㉣ 전에 없던 것을 처음으로 만들거나 제정함.

**2** 다음 문장에서 '담다'가 어떤 뜻으로 사용되었는지 번호를 쓰세요.

담다
① 어떤 물건을 그릇 따위에 넣다.
② 어떤 내용이나 사상을 그림, 글, 말, 표정 따위 속에 포함하거나 반영하다.

(1) 마음을 담아 정성스럽게 편지를 쓰다.                    (        )
(2) 직접 만든 간장을 병에 담아 보관하다.                   (        )

**3** 다음 빈칸에 들어갈 말의 뜻을 보고, 알맞은 낱말을 보기 에서 찾아 쓰세요.

보기        능통하다        예상하다        표현하다

(1) 그림을 그려 자신의 마음을 _____.
    └ 생각이나 느낌 따위를 드러내어 나타내다.

(2) 하늘을 보고 비가 올 것이라고 _____.
    └ 어떤 일을 직접 당하기 전에 미리 생각하여 두다.

(3) 그 사람은 우리말뿐만 아니라 외국어에도 _____.
    └ 사물의 이치나 기술을 훤히 잘 알거나 잘 다루다.

신나는
퍼즐 퍼즐

끝말잇기 놀이를 하며, 주제3에서 공부한 용어의 뜻을
다시 한번 떠올려 봐요.

정답 확인

➡ 출발

아래로! ⬎

❶ ❷ 동 점프! ❸ ❹

성공!

❺

**힌트**

❶ 일이 없어 남는 시간에 취미 활동 따위를 하는 생활.
예 □□ □□을 즐기다.
❷ 몸을 움직여 행동함. 예 취미 □□
❸ 자기 세대 이전의 모든 세대. 비슷 선대
❹ 추상적인 사물이나 개념을 구체적인 사물로 나타내는 성질.
예 종묘를 통해 조선 왕실의 □□□을 엿볼 수 있다.
❺ 국보 중 하나로, 신라 경덕왕이 아버지인 성덕왕의 명복을 빌
기 위하여 만들기 시작한 종.
❻ 종묘에서 제사를 지내는 의식.
❼ 정약용이 발명한 것으로, 수원 화성을 건축할 때 활용된 기계.
❽ 문화유산의 종류 중 하나로, 사적지 중에서 역사적으로 가치
가 큰 곳이나 아름다운 경치를 가진 장소를 의미하는 말.
❾ 물건의 값. 비슷 가격, 값
❿ 인간이 자기를 포함한 세계나 여러 가지 사물이나 현상에 대
하여 가지는 일정한 생각이나 기준.

❿ 가

❾

❽ ❼ 쉬어가기! ❻

⬐ 위로!

옆으로! ⬐

이번 주에 공부할 내용에 대한
주간 학습 계획을 세워 보세요.

**14일차**

**1장** 우리 주변의 다양한 공공 기관

정답 확인

하루한장 앱에서
학습 인증하고
하루템을 모으세요!

**매체 독해** 다음 안내도를 보고, 물음에 답해 봅시다.

* **공공 기관**: 개인이 아닌 공공의 이익을 위해 국가 또는 지방 자치 단체에서 운영하는 기관.

**1** 안내도에서 찾을 수 있는 공공 기관을 바르게 묶은 것은 어느 것인가요?　　（　　　　　）

① 학원, 경찰서, 문구점, 소방서　　　　② 마트, 경찰서, 소방서, 우체국

③ 경찰서, 소방서, 편의점, 주민 센터　　④ 마트, 도서관, 우체국, 주민 센터

⑤ 경찰서, 도서관, 소방서, 우체국, 주민 센터

**2** 공공 기관에 대한 설명으로 알맞은 것을 보기 에서 모두 골라 기호를 쓰세요.

> 보기
> ㉠ 개인의 이익을 위해서 일하는 기관이다.
> ㉡ 국가 또는 지방 자치 단체에서 운영한다.
> ㉢ 대부분 개인이 이용할 수 없는 시설이다.
> ㉣ 우리가 사는 곳에는 다양한 공공 기관이 있다.

（　　　　　）

고장을 둘러보면 군·구청, 소방서, 경찰서, 보건소, 도서관, 우체국 등 다양한 공공 기관을 볼 수 있습니다. 공공 기관은 개인의 이익이 아닌 주민 전체의 이익과 편의를 위해 국가 또는 ❶지방 자치 단체에서 운영하는 기관으로, 지역 주민들이 쾌적한 환경에서 건강하고 행복한 삶을 살아 갈 수 있게 하는 것을 목표로 합니다. 따라서 주민 누구나 쉽게 이용할 수 있도록 지역의 중심지 이자 교통이 편리하며 ❷접근성이 좋은 곳에 위치해 있습니다.

그렇다면 공공 기관은 어떤 역할을 할까요? 공공 기관은 지역의 안전을 책임지고 관리하는 역할을 합니다. 군·구청에서는 육교, 가로등, 교통 표지판과 같은 시설물을 설치하거나 관리하고, 도로와 건물의 안전을 점검합니다. 소방서는 지역의 소방 시설을 정기적으로 점검하여 화재를 예방하고, 화재가 발생했을 때에는 불을 끄는 역할을 합니다. 또 응급 환자를 병원으로 ❸이송하거나, 여러 사고 현장에서 사람들을 구조하기도 합니다. 경찰서는 범죄를 예방하고, 주민들의 안전을 위협하는 일이 일어났을 때 이를 해결합니다.

공공 기관은 주민들의 건강과 ❹복지가 유지되도록 돕는 역할도 합니다. 보건소는 질병을 예방하고 치료하기 위해 건강 검진을 실시하고 예방 접종을 합니다. 우체국은 주로 우편물을 발송해 주는 곳이지만 최근에는 우체국에서도 은행처럼 예금이나 ❺송금을 할 수 있고, 지역 특산물을 주문할 수도 있습니다. 군·구청에서는 각종 ❻증명서를 발급하여 주민들의 생활을 돕습니다.

마지막으로 공공 기관은 주민들이 살기 좋은 환경을 만들고 삶을 풍요롭게 만드는 역할을 합니다. 군·구청에서는 공원, 체육 시설 등 주민들의 여가 생활을 위한 시설을 운영하고, 지역의 문화유산을 보호하고 관리합니다. 또한 도서관과 미술관은 책과 미술 작품을 볼 수 있도록 하는 것뿐만 아니라 각종 문화 행사를 마련하기도 합니다.

만약 공공 기관이 없거나 제 역할을 다하지 못한다면 어떤 일이 일어날까요? 주민들의 안전이나 건강이 위협받을 수 있으며, 생활 환경이 혼잡해져 불편한 생활을 하게 될 수도 있습니다. 따라서 우리는 공공 기관의 중요성을 인식하고, 공공시설을 이용할 때에는 질서를 지키며 깨끗하게 사용해야 합니다.

---

❶ **지방 자치 단체**: 특별시·광역시·도·시·군과 같이 구역 내에서 법이 인정하는 한도의 지배권을 소유하는 단체.
❷ **접근성**: 특정 지역이나 시설로 접근할 수 있는 가능성.
❸ **이송**: 다른 데로 옮겨 보냄.
❹ **복지**: 사람들이 건강하고 편안하고 행복하게 살 수 있게 갖추어진 사회 환경.
❺ **송금**: 돈을 부쳐 보냄.
❻ **증명서**: 어떤 사실이나 신분, 자격 따위를 증명해 주는 공식적인 문서.

**1** 이 글의 중심 내용으로 알맞은 것은 어느 것인가요?　　　　　　　（　　　）

① 공공 기관의 위치
② 공공 기관의 이용 방법
③ 공공 기관의 뜻과 역할
④ 공공 기관의 운영 방식
⑤ 공공 기관의 역할 변화

**2** 다음 빈칸에 알맞은 낱말을 넣어 공공 기관의 역할을 표로 정리하세요.

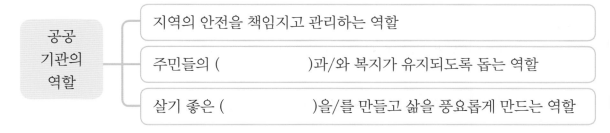

공공 기관의 역할

- 지역의 안전을 책임지고 관리하는 역할
- 주민들의 (　　　　　　　　)과/와 복지가 유지되도록 돕는 역할
- 살기 좋은 (　　　　　　　　)을/를 만들고 삶을 풍요롭게 만드는 역할

**3** 다음과 같은 역할을 하는 공공 기관을 바르게 묶은 것은 어느 것인가요?　　（　　　）

지역의 안전을 책임지고 관리하는 역할

① 경찰서, 보건소, 우체국
② 미술관, 소방서, 우체국
③ 경찰서, 군·구청, 소방서
④ 군·구청, 도서관, 소방서
⑤ 군·구청, 미술관, 우체국

**4** 여러 공공 기관에서 하는 일로 알맞지 <u>않은</u> 것은 어느 것인가요?　　　　（　　　）

① 도서관은 주민들을 위한 문화 행사를 마련한다.
② 보건소는 건강 검진을 실시하고 예방 접종을 한다.
③ 소방서는 화재를 진압하고 응급 환자를 병원으로 이송한다.
④ 우체국은 편지나 소포 등을 발송하고 지역 특산물을 판매한다.
⑤ 경찰서는 범죄를 예방하고 병원에 가기 어려운 환자를 치료한다.

**5** 다음 두 사람이 찾아가야 하는 공공 기관을 그림에서 찾아 쓰세요.

(1)

(           )

(2)

(           )

**6** 군·구청에서 하는 일로 알맞지 <u>않은</u> 것은 어느 것인가요? (       )

① 문화유산 관리

② 예금 또는 송금

③ 시설물의 설치 및 관리

④ 도로와 건물의 안전 점검

⑤ 공원, 체육 시설 등 여가 생활을 위한 시설 운영

**7** 공공 기관에 대한 설명으로 알맞은 것을 보기 에서 모두 골라 기호를 쓰세요.

> 보기
> ㉠ 주로 교통이 편리하고 접근성이 좋은 곳에 위치해 있다.
> ㉡ 군·구청, 소방서, 경찰서, 보건소, 도서관, 우체국만 해당한다.
> ㉢ 공공 기관이 없어도 주민들은 충분히 편리한 생활을 할 수 있다.
> ㉣ 주민들이 쾌적한 환경에서 건강하고 행복한 삶을 살 수 있도록 한다.

(           )

**배경 +지식 넓히기**

**공공 기관의 민원 서비스**

공공 기관은 지역 주민이 원하는 것을 요구하는 일이 있을 때 이를 도와 처리하는 민원 서비스를 제공합니다. 모든 의견이 받아들여지는 것은 아니지만, 공공 기관에서는 공공의 이익을 위해 필요하다고 판단되는 일이라면 그 의견을 채택하여 적극적으로 실현할 수 있도록 노력하고 있습니다.

**1** 다음 낱말의 뜻으로 알맞은 것을 선으로 이어 보세요.

(1) 송금 •

(2) 이송 •

(3) 접근성 •

(4) 증명서 •

• ㉠ 돈을 부쳐 보냄.

• ㉡ 다른 데로 옮겨 보냄.

• ㉢ 특정 지역이나 시설로 접근할 수 있는 가능성.

• ㉣ 어떤 사실이나 신분, 자격 따위를 증명해 주는 공식적인 문서.

**2** 다음 문장에서 '구조'가 어떤 뜻으로 사용되었는지 번호를 쓰세요.

구조 ── ① 재난 따위를 당하여 어려운 처지에 빠진 사람을 구하여 줌.

── ② 부분이나 요소가 어떤 전체를 짜 이룸.

(1) 가옥의 구조는 지역에 따라 다양하게 나타난다.　　　　( 　　　 )

(2) 소방서는 위험에 처한 사람들을 구조하는 역할을 한다.　( 　　　 )

**3** 다음 빈칸에 들어갈 말의 뜻을 보고, 알맞은 낱말을 보기 에서 찾아 쓰세요.

보기　　　　안전하다　　　쾌적하다　　　편리하다

(1) 교통 규칙을 잘 지키며 운전해야 ＿＿＿＿＿＿＿.
　　　　　　　　　　　　　　　└ 위험이 생기거나 사고가 날 염려가 없다.

(2) 버스 정류장이 가까워서 버스를 타기에 ＿＿＿＿＿＿＿.
　　　　　　　　　　　　　　　└ 편하고 이로우며 이용하기 쉽다.

(3) 이곳은 날씨가 좋고 주변이 깨끗해서 지내기에 ＿＿＿＿＿＿＿.
　　　　　　　　　　　　　　　└ 기분이 상쾌하고 즐겁다.

# 옛날에도 공공 기관이 있었을까요

정답 확인
하루한장 앱에서
학습 인증하고
하루템을 모으세요!

 **매체 독해** 다음 안내문을 보고, 물음에 답해 봅시다.

---

## 🔆 도서관 이용 안내

**[이용 시간]**

| 월요일~금요일 | 오전 10시 ~ 오후 5시 |
|---|---|
| 토요일 | 오전 10시 ~ 오후 1시 |

※ 일요일과 공휴일은 쉽니다.

**[이용 대상]** 학생, 선생님 모두.

**[우리들의 약속]**
1. 책을 읽을 때에는 조용히 합니다(휴대 전화는 진동으로).
2. 다 읽은 책은 반드시 제자리에 꽂습니다.
3. 내가 머물렀던 자리는 잘 정돈합니다.

**[책을 빌리고 싶을 때]**
1. 도서 노트에 이름, 날짜, 책 번호, 책 이름을 씁니다.
2. 한 번에 세 권까지 빌릴 수 있습니다.
3. 빌린 책은 7일 이내에 반납합니다.

---

**1** 안내문을 보고 대답할 수 있는 질문이 <u>아닌</u> 것은 어느 것인가요?　　　（　　　）

① 도서관은 언제 쉬나요?　　　　　　② 도서관에는 어떤 책이 있나요?

③ 도서관을 누가 이용할 수 있나요?　　④ 책은 한 번에 몇 권까지 빌릴 수 있나요?

⑤ 책을 빌리면 며칠 동안 읽을 수 있나요?


**2** 안내문의 내용으로 옳은 것에는 ○표, 옳지 <u>않은</u> 것에는 ×표 하세요.

(1) 토요일은 평일에 비해 이용 시간이 길다.　　　　　　　　　　　　（　　　）

(2) 책을 읽고 난 후에는 자리를 정돈하고 제자리에 꽂아 두어야 한다.　（　　　）

(3) 도서관에서 책을 읽을 때에는 휴대 전화의 소리를 가장 작게 해 둔다.　（　　　）

(4) 책을 빌리고 싶을 때에는 도서 노트에 이름, 날짜, 책 번호, 책 이름을 써야 한다.

　　　　　　　　　　　　　　　　　　　　　　　　　　　　　　（　　　）

다음 글을 읽고, 물음에 답해 봅시다.

옛날에도 공공 기관이 있었을까요? 부르는 이름이나 기능은 조금씩 달랐지만, 조선 시대에도 오늘날과 비슷한 역할을 하는 다양한 공공 기관이 있었습니다. 먼저 오늘날의 경찰서와 비슷한 역할을 하던 포도청이 있었습니다. 포도청은 백성들의 안전한 생활을 책임지던 ❶관청으로, 범죄를 일으킨 사람이나 도둑을 잡아 ❷심문하고 처벌하는 일을 하였습니다. 나아가 임금을 ❸호위하기도 하고, 범죄와 화재를 예방하기 위해 순찰을 하기도 하였습니다.

규장각은 이전 왕들의 책과 그림, 글씨 등을 보관하기 위해 만들어진 왕실 도서관으로, 오늘날의 도서관과 비슷한 역할을 하였습니다. 규장각은 단순히 책을 보관하는 것뿐만 아니라, 주변 국가들의 도서들을 수집하고 연구함으로써 학문과 정책을 연구하는 역할을 하였습니다. 또한 출신에 상관없이 유능하고 젊은 인재들을 뽑는 정치 기관으로 발전하여 왕의 ❹개혁 정책을 실현하는 역할도 하였습니다.

향청은 한 고을의 일을 맡아 처리하던 관청으로, 오늘날의 주민 센터와 비슷하다고 볼 수 있습니다. 향청은 지역 주민들을 위한 일을 한다는 점에서 주민 센터와 비슷하지만, 지방 관리들을 임명하거나 평가하고 심지어는 물러나게도 할 수 있었다는 점에서 주민 센터와는 차이가 있었습니다. 또한 고을에서 발생하는 각종 문제에서 ❺시시비비를 가리고 그 고을을 통치하는 등 오늘날의 주민 센터보다 더욱 광범위한 역할을 수행하였습니다.

이 외에도 조선 시대에는 오늘날의 국세청과 비슷한 역할을 하던 선혜청이 있었습니다. 선혜청은 나라의 살림을 맡아보던 관청으로, 백성들에게 세금을 ❻부과하고, ❼감면하거나 ❽징수하는 일을 하였습니다. 오늘날의 보건소와 비슷한 역할을 하던 혜민서에서는 가난한 백성들을 무료로 치료해 주었습니다. 이러한 사실들을 통해 옛날에도 다양한 공공 기관이 있었으며, 오늘날의 공공 기관과 마찬가지로 공공의 이익을 위한 역할을 하였다는 것을 알 수 있습니다.

---

❶ **관청**: 국가의 사무를 집행하는 기관.
❷ **심문하다**: 자세히 따져서 묻다.
❸ **호위하다**: 따라다니며 곁에서 보호하고 지키다.
❹ **개혁**: 제도나 기구 따위를 새롭게 뜯어고침.
❺ **시시비비**: 여러 가지의 잘잘못.
❻ **부과하다**: 세금 따위를 매기어 책임을 지게 하다.
❼ **감면하다**: 매겨야 할 세금 따위를 덜어 주거나 내지 않게 하다.
❽ **징수하다**: 나라, 공공 단체 등이 돈, 곡식, 물품 따위를 거두어들이다.

**1** 다음 빈칸에 알맞은 낱말을 넣어 이 글의 제목을 완성하세요.

조선 시대의 (                    )

**2** 이 글을 쓴 목적으로 알맞은 것은 어느 것인가요?                      (          )

① 무엇인가를 설명하기 위해서

② 다른 사람을 설득하기 위해서

③ 필요한 것을 요구하기 위해서

④ 보고 느낀 점을 기록하기 위해서

⑤ 자랑스러운 마음을 전하기 위해서

**3** 다음과 같은 역할을 하였던 조선 시대의 공공 기관을 이 글에서 찾아 쓰세요.

- 고을을 통치하는 역할
- 지방 관리들을 임명하는 역할
- 한 고을의 일을 맡아 처리하는 역할

(                                    )

**4** 이 글에서 알 수 있는 내용으로 알맞지 <u>않은</u> 것은 어느 것인가요?                      (          )

① 규장각은 유능한 인재를 뽑는 역할도 수행하였다.

② 향청은 오늘날의 주민 센터와 하는 일이 똑같았다.

③ 포도청, 규장각, 향청은 모두 조선 시대의 공공 기관이었다.

④ 포도청은 범죄를 일으킨 사람이나 도둑 등을 잡는 관청이었다.

⑤ 옛날의 공공 기관은 오늘날의 공공 기관과 부르는 이름이 달랐다.

**5** 다음과 같은 역할을 하였던 조선 시대의 공공 기관을 보기 에서 찾아 쓰세요.

| 보기 | 선혜청 | 포도청 | 혜민서 |
|------|--------|--------|--------|

(1)
나라의 살림을
맡아보는 역할

(   )

(2)
가난한 백성을
치료해 주는 역할

(   )

(3)
백성의 안전한 생활을
책임지는 역할

(   )

**6** 조선 시대의 공공 기관과 비슷한 역할을 하는 오늘날의 공공 기관을 짝 지은 것으로 알맞지 않은 것은 어느 것인가요? (          )

① 규장각 - 교육청　　　　　　　　② 선혜청 - 국세청

③ 포도청 - 경찰서　　　　　　　　④ 혜민서 - 보건소

⑤ 향청 - 주민 센터

**7** 옛날과 오늘날의 공공 기관에 대해 바르게 설명한 사람은 누구인가요? (          )

① 윤아: 옛날과 오늘날의 공공 기관은 전혀 다른 역할을 하였구나.

② 선하: 옛날의 공공 기관은 백성이 아닌 왕을 위한 일을 담당하였어.

③ 서준: 옛날의 공공 기관이 이름만 바뀌어서 오늘날로 이어지고 있어.

④ 주영: 옛날보다 오늘날의 공공 기관이 더 광범위한 역할을 하고 있어.

⑤ 하준: 옛날의 공공 기관과 오늘날의 공공 기관은 유사한 역할을 하였구나.

**규장각**

규장각은 조선 시대의 왕실 도서관으로, 정조 임금 때 창덕궁 후원에 세워졌습니다. 규장각은 우리나라의 책뿐만 아니라 중국의 책까지 보관하고 있어 엄청난 규모를 자랑하였습니다. 또한 책을 보관하는 역할에 그치지 않고 학문을 연구하는 연구소로 발전하여 당대 최고의 학자들이 규장각에서 학문에 전념할 수 있었습니다.

**1** 다음의 뜻을 가진 낱말을 보기 에서 찾아 쓰세요.

| 보기 | 감면하다 | 부과하다 | 징수하다 |
|---|---|---|---|

(1) 세금 따위를 매기어 책임을 지게 하다. ( )

(2) 매겨야 할 세금 따위를 덜어 주거나 내지 않게 하다. ( )

(3) 나라, 공공 단체 등이 돈, 곡식, 물품 따위를 거두어들이다. ( )

**2** 다음 한자 성어의 뜻을 보고, 문장에 들어갈 알맞은 한자 성어를 찾아 쓰세요.

| 시시비비(是是非非) | 여러 가지의 잘잘못. |
|---|---|
| 공명정대(公明正大) | 하는 일이나 태도가 아주 정당하고 떳떳함. |

(1) 거래에 문제가 생겨서 _____ 를 가리게 되었다.

(2) 그는 _____ 하고 정의로운 삶을 살아온 정치인이다.

**3** 다음 밑줄 친 말의 기본형을 따라 쓰고, 이 말과 반대의 뜻을 가진 낱말을 보기 에서 찾아 쓰세요.

| 보기 | 같다 | 놓다 | 늙다 |
|---|---|---|---|

(1) 사람들은 모두 다른 삶을 산다. 　다르다　 ↔ [ ]

(2) 도둑을 잡는 경찰이 되는 것이 꿈이다. 　잡다　 ↔ [ ]

(3) 그녀는 환갑이 지났지만 40대처럼 젊어 보인다. 　젊다　 ↔ [ ]

# 주민 참여는 어떻게 할 수 있을까요

 **매체 독해** 다음 신문 기사를 보고, 물음에 답해 봅시다.

□□신문                                   20○○년 ○○월 ○○일

## 사라져 가는 전통 시장

   옛날 전통 시장이 모여 있는 ◇◇ 거리는 물건을 사고파는 사람들로 항상 붐볐다. 그러나 사회가 변화하고 백화점, 대형 마트, 온라인 쇼핑몰 등이 생겨나면서 전통 시장을 찾는 사람들의 발길이 뜸해졌다.

   시장의 상인들은 전통 시장이 사라질 위기에 처해 있음을 인식하고 이에 대한 대책을 마련하기 위해 노력하고 있다. 사람들이 전통 시장을 찾지 않는 이유를 알기 위해 설문 조사를 실시하고, 전통 시장을 되살리기 위한 변화를 시도하고 있다.

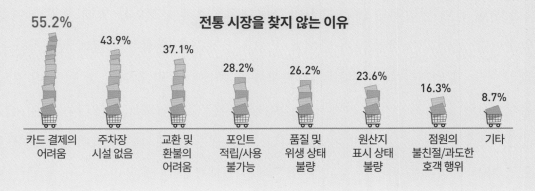

**전통 시장을 찾지 않는 이유**

| 카드 결제의 어려움 | 주차장 시설 없음 | 교환 및 환불의 어려움 | 포인트 적립/사용 불가능 | 품질 및 위생 상태 불량 | 원산지 표시 상태 불량 | 점원의 불친절/과도한 호객 행위 | 기타 |
|---|---|---|---|---|---|---|---|
| 55.2% | 43.9% | 37.1% | 28.2% | 26.2% | 23.6% | 16.3% | 8.7% |

**1** 사람들이 전통 시장을 찾지 않는 이유로 알맞지 <u>않은</u> 것은 어느 것인가요? （        ）

① 과도한 호객 행위     ② 카드 결제의 어려움     ③ 주차장 시설의 부족

④ 교환 및 환불의 어려움     ⑤ 대형 마트보다 저렴한 가격

**2** 신문 기사의 내용을 바르게 이해한 사람의 이름을 모두 쓰세요.

> • 희수: 백화점, 대형 마트 등이 생기면서 전통 시장이 위기를 맞고 있어.
> • 한별: 시장 상인들은 전통 시장을 되살리기 위해 설문 조사를 실시했어.
> • 성찬: 시장 상인들은 전통 시장에서도 카드 결제를 할 수 있게 해 달라고 요구했어.

（              ）

　사람들이 모여 사는 곳에서는 여러 가지 문제가 발생할 수 있습니다. 공공시설에 문제가 생겨 사람들이 불편함을 느낄 수도 있고, 교통 문제, 환경 문제 등으로 인해 주민들 사이에 갈등이 발생할 수도 있습니다. 이런 문제들이 발생했을 때 지역 주민들이 자기가 사는 지역의 문제를 해결하는 데 **❶능동적**으로 참여하는 것을 '주민 참여'라고 합니다. 즉, 주민들이 지역의 정책을 결정하거나 **❷집행**하는 과정에 참여하여 자신의 의견을 반영하는 것을 말합니다.

　　◯◯◯◯ 공원의 체육 시설이 **❸노후화**되어 사람들이 이용에 불편함을 느끼고 있다면 다음과 같은 주민 참여를 통해 문제를 해결할 수 있습니다. 우선 해당 체육 시설과 관련된 문제를 확인한 후 주민들을 인터뷰하거나 자료를 조사하여 문제점을 **❹구체화**하고 원인을 파악합니다. 문제를 찾고 원인을 파악했다면, 주민들의 의견이나 담당 공공 기관의 의견도 들어보면서 다양한 문제 해결 방안을 찾아봅니다. 이때 여러 해결 방안의 장점과 단점을 비교하면서 기대되는 효과 등도 검토해 봅니다. 마지막으로 주민들의 의견을 모아서 해결 방안을 결정하고 이를 실천하여 문제를 해결합니다.

　그렇다면 주민 참여 방법에는 어떤 것들이 있을까요? 먼저 공청회를 통해 주민 참여를 하는 방법이 있습니다. 공청회란 지방 자치 단체에서 중요한 정책을 결정하기 전에 전문가와 관계자, 주민 등을 모아 놓고 의견을 듣는 절차입니다. 공청회를 통한 주민 참여는 한 번에 많은 양의 정보를 공유할 수 있으며, 전문가와 관계자가 참여하기 때문에 **❺신뢰도**가 높다는 것이 장점입니다. 다음으로 서명 운동을 하는 방법이 있습니다. 서명 운동은 제시된 주장이나 의견에 찬성한다는 뜻으로 자신의 이름을 써넣는 것으로, 최근에는 인터넷을 통해 온라인 서명을 받는 방식으로 진행되기도 합니다.

　지역에서 발생하는 문제들은 그 지역에 사는 주민 모두에게 영향을 주며, 이러한 문제들에 대해 가장 잘 알고 있는 사람들 역시 지역의 주민들입니다. 따라서 주민 스스로 문제를 파악하여 해결 과정에 참여하고, 공공 기관에서 지역의 일을 제대로 하고 있는지 감독해야 합니다. 지역 주민으로서 다양한 주민 참여의 방법을 활용해 지역 문제의 해결에 관심을 가지고 적극적으로 참여해 봅시다.

---

❶ **능동적**: 다른 것에 이끌리지 아니하고 스스로 일으키거나 움직이는 것.
❷ **집행**: 실제로 시행함.
❸ **노후화**: 오래되거나 낡아서 쓸모가 없게 됨.
❹ **구체화**: 구체적인 것으로 됨. 또는 그렇게 만듦.
❺ **신뢰도**: 굳게 믿고 의지할 수 있는 정도.

**1** 다음에서 설명하는 말을 이 글에서 찾아 쓰세요.

> 지역 주민들이 지역의 문제를 해결하는 데 능동적으로 참여하는 것

(              )

**2** 이 글에서 알 수 있는 내용이 <u>아닌</u> 것은 어느 것인가요? (      )

① 주민 참여의 뜻
② 주민 참여가 중요한 까닭
③ 주민 참여의 다양한 방법
④ 주민 참여가 이루어져 온 역사
⑤ 주민 참여를 통한 문제 해결 과정

**3** 주민 참여를 통한 문제의 해결 과정을 순서에 맞게 번호를 쓰세요.

- 여러 의견을 모아 해결 방안을 결정하고 이를 실천한다. (     )
- 다양한 문제 해결 방안을 찾아보고 비교하여 검토해 본다. (     )
- 문제를 확인하고 관련된 자료를 조사하여 원인을 파악한다. (     )

**4** 공청회에 대한 설명으로 알맞은 것을 보기 에서 모두 골라 기호를 쓰세요.

> 보기
> ㉠ 한 번에 많은 양의 정보를 공유하기 힘들다.
> ㉡ 전문가와 관계자가 참여하기 때문에 신뢰도가 높은 방법이다.
> ㉢ 자신의 이름을 써넣음으로써 의견을 밝히는 주민 참여 방법이다.
> ㉣ 지방 자치 단체에서 중요한 정책을 결정하기 전에 여러 사람의 의견을 듣는 절차이다.

(              )

**5** ㉠에 들어갈 이어 주는 말로 알맞은 것은 어느 것인가요? (　　　　)

① 또한　　　　　　　　　② 그러나　　　　　　　　　③ 따라서

④ 왜냐하면　　　　　　　⑤ 예를 들어

**6** 주민 참여가 중요한 까닭으로 알맞지 <u>않은</u> 것은 어느 것인가요? (　　　　)

① 지역에서 발생하는 문제는 지역 주민 모두에게 영향을 주기 때문에

② 지역에서 발생하는 문제에 대해 가장 잘 알고 있는 사람은 주민이므로

③ 공공 기관에서 지역의 일을 제대로 하고 있는지 감독할 수 있기 때문에

④ 지역의 정책을 결정하거나 집행하는 과정에 주민의 의견을 반영할 수 있으므로

⑤ 주민들이 직접 해결 방안을 제시해야 공공 기관에서 문제를 해결해 주기 때문에

**7** 이 글의 내용으로 알맞은 것에는 ○표, 알맞지 <u>않은</u> 것에는 ×표 하세요.

(1) 지역 문제를 해결할 때 공공 기관의 의견을 들을 필요는 없다. (　　　　)

(2) 사람들이 모여 사는 곳에서는 교통 문제, 환경 문제 등이 발생할 수 있다. (　　　　)

(3) 주민 참여는 주민들이 지역의 정책을 결정하거나 집행하는 과정에 참여하여 의견을
반영하는 것을 말한다. (　　　　)

**주민 투표**

주민 투표는 투표를 통해서 지역 주민의 의견을 알아보고, 결과에 따라 정책을 실시하는 주민 참여 방법 중 하나입니다. 주민들이 직접 참여하는 것이기 때문에 주민들의 책임 의식을 높일 수 있으나, 절차가 복잡하여 그동안 활발하게 활용되지는 못했습니다. 최근에는 불필요한 절차를 줄이고 온라인으로도 투표할 수 있게 되어 더욱 활발한 주민 참여를 기대할 수 있게 되었습니다.

**1** 다음 낱말의 뜻으로 알맞은 것을 선으로 이어 보세요.

(1) 집행 •

(2) 능동적 •

(3) 신뢰도 •

• ㉠ 실제로 시행함.

• ㉡ 굳게 믿고 의지할 수 있는 정도.

• ㉢ 다른 것에 이끌리지 아니하고 스스로 일으키거나 움직이는 것.

**2** 다음 빈칸에 들어갈 말의 뜻을 보고, 알맞은 낱말을 보기 에서 찾아 쓰세요.

보기            기계화       구체화       노후화

(1) 놀이 시설이 _____ 되어 사고의 위험이 커졌다.
ㄴ 오래되거나 낡아서 쓸모가 없게 됨.

(2) 여행 계획을 _____ 하기 위해 가족회의를 열었다.
ㄴ 구체적인 것으로 됨.

(3) 과학의 발달로 생산 과정이 _____ 되어 가고 있다.
ㄴ 사람이나 동물이 하는 노동을 기계가 대신함.

**3** 다음 문장에 들어갈 알맞은 낱말을 골라 ○표 하세요.

(1) ┌ 부모는 아기의 목소리에 민감하게 ( 반영 / 반응 )한다.
     └ 주민들의 의견을 ( 반영 / 반응 )하여 신호등을 설치하였다.

(2) ┌ 공장에 가서 주문한 물건들을 ( 인식 / 인수 )하였다.
     └ 비가 많이 내렸지만 문제의 심각성을 ( 인식 / 인수 )하지 못하였다.

# 다수결의 원칙은 언제나 바람직할까요

정답 확인
하루한장 앱에서
학습 인증하고
하루템을 모으세요!

**매체 독해** 다음 만화를 보고, 물음에 답해 봅시다.

**1** 학생들이 봉사 활동 방법을 어떻게 결정하였는지 쓰세요.

(            )의 원칙에 따라 용돈을 모으는 것으로 결정하였다.

**2** 만화의 내용으로 옳은 것에는 ○표, 옳지 않은 것에는 ×표 하세요.

(1) 모둠별 봉사 활동 방법에 대한 의견을 나누고 있다.         (      )

(2) 한 남학생은 용돈이 없어서 친구들과 다른 의견을 냈다.        (      )

(3) 한 여학생은 4명 중 3명이 찬성한 의견으로 결론을 내고 싶어 한다.    (      )

(4) 용돈을 모으는 것이 양로원에 가서 어르신들의 말벗이 되어 드리는 것보다 훌륭한 의견이다.                                                  (      )

　우리는 친구들끼리 어떤 놀이를 할지 정할 때나 학급 회의에서 ❶안건을 결정할 때 흔히 '다수결의 원칙'에 따릅니다. 다수결의 원칙이란 어떤 일을 결정할 때 더 많은 사람이 동의하는 의견에 따라 결정을 내리는 것을 말합니다. 다수결의 원칙은 나라를 위해 일할 대통령이나 국회 의원 등을 뽑는 선거에서도 활용되는 ❷민주주의의 대표적인 의사 결정 방식입니다.

　다수결의 원칙이 필요한 까닭은 사회 ❸구성원들이 가지고 있는 생각이 모두 다 다르고 그것을 하나로 모으기가 어렵기 때문입니다. 서로 생각이 다를 때 많은 사람이 결정한 선택이 더 합리적일 것이라는 판단에 따라 다수의 의견을 채택하면 쉽고 빠르게 문제를 해결할 수 있습니다. 또한 다수결의 원칙에서는 한 사람 한 사람의 ❹의사가 똑같이 한 표의 가치를 가지기 때문에 모두가 평등한 상태에서 의사 결정을 할 수 있다는 장점이 있습니다.

　하지만 다수결의 원칙이 언제나 바람직한 것은 아닙니다. 다수의 의견을 무조건 따르다 보면 종종 옳고 그름을 제대로 따지지 못하고 의견을 결정해 버리는 문제가 발생하기도 합니다. 그래서 더 많은 사람이 찬성했다는 이유만으로 잘못된 선택을 하게 될 위험이 존재합니다. 무엇보다도 다수결의 원칙은 모두의 생각을 담아내지 못한다는 문제점을 가지고 있습니다. 다수결의 원칙에 따라 결정된 결과는 사회 구성원 전체의 생각이 아니기 때문에 모든 사람의 의사를 존중한 것이라고 보기는 어렵습니다.

　다수결의 원칙이 민주적 의사 결정 방법이 되기 위해서는 충분한 대화와 ❺토론이 이루어져야 합니다. 다른 의견을 가진 사람을 충분히 설득하는 ❻타협의 과정을 거치며 구성원들의 의견이 공유될 때 가장 합리적인 결정을 내릴 수 있습니다. 또한 다수의 의견이 반드시 옳은 것은 아니라는 것을 인정하고 소수의 생각을 존중하고 배려해야 합니다. 물론 다수결의 원칙에 따라 의사 결정이 끝났다면, 그 의견에 반대했던 소수의 사람들도 그 결정을 존중하고 따르는 자세가 필요합니다.

------------------------------------------------------------

❶ **안건**: 토의하거나 조사하여야 할 사실.
❷ **민주주의**: 국민이 권력을 가지고 그 권력을 스스로 행사하는 제도.
❸ **구성원**: 어떤 조직이나 단체를 이루고 있는 사람.
❹ **의사**: 무엇을 하고자 하는 생각.
❺ **토론**: 어떤 문제에 대하여 여러 사람이 각각 의견을 말하며 논의함.
❻ **타협**: 어떤 일을 서로 양보해 가며 협력하여 의논함.

**1** 다음 빈칸에 알맞은 낱말을 넣어 이 글의 제목을 완성하세요.

(            )의 원칙

**2** 이 글에서 알 수 있는 내용이 <u>아닌</u> 것은 어느 것인가요? (      )

① 다수결의 원칙의 뜻
② 다수결의 원칙의 필요성
③ 다수결의 원칙의 문제점
④ 다수결의 원칙이 활용된 예
⑤ 다수결의 원칙이 잘못 쓰인 예

**3** 이 글의 내용에 맞게 빈칸에 들어갈 알맞은 말에 ○표 하세요.

(1) 다수결의 원칙은 ( 소수 / 다수 )가 동의하는 의견에 따라 결정하는 것이다.

(2) 다수결의 원칙이 언제나 바람직한 것은 아니므로, 충분한 대화와 토론을 통해 가장 ( 합리적 / 비합리적 )인 결정을 내려야 한다.

**4** 다수결의 원칙이 필요한 까닭으로 옳은 것을 에서 모두 골라 기호를 쓰세요.

> **보기**
> ㉠ 모든 개인의 의사를 존중하기 위해서
> ㉡ 사람마다 가지고 있는 생각이 다르기 때문에
> ㉢ 모두가 평등한 상태에서 의사 결정을 할 수 있어서
> ㉣ 소수의 의견에 대해 옳고 그름을 세세히 따져볼 수 있어서

(            )

**5** 다수결의 원칙에 대한 설명으로 옳은 것에는 ○표, 옳지 않은 것에는 ×표 하세요.

(1) 민주주의의 대표적인 의사 결정 방식이다. ( )

(2) 모든 구성원의 의사가 똑같이 한 표의 가치를 가지지는 않는다. ( )

(3) 다수의 의견에 따라 결정하므로 의사 결정이 언제나 바람직하다. ( )

(4) 더 많은 사람이 동의하는 의견에 따라 결정을 내리는 것을 말한다. ( )

**6** 다수결의 원칙이 민주적 의사 결정 방법이 되기 위해 필요한 것은 어느 것인가요?

(정답 2개) ( )

① 경쟁 　　② 대화 　　③ 위협 　　④ 차별 　　⑤ 토론

**7** 이 글의 내용을 잘못 이해한 사람은 누구인가요? ( )

① 현빈: 무조건 다수결의 원칙에 따라 결정을 내리기보다는 타협의 과정을 거치면서 결정을 내려야 해.

② 노아: 가족회의에서 다수결의 원칙을 통해 집안일을 분담했더라도 반대하는 사람이 있다면 그 이유를 들어 보아야 해.

③ 수인: 다수결의 원칙으로 결정을 내리기 전에 충분한 대화와 토론을 통해서 의견을 모을 수 있다면 그것도 좋은 방법이야.

④ 예리: 친구들끼리 바다와 산 중에 투표해서 바다에 놀러가기로 결정했는데, 산으로 가고 싶은 친구들의 의견도 들어볼 필요는 있어.

⑤ 형진: 학급 회의에서 휴대 전화를 쓰지 않는 것에 대해 투표했는데, 33명 중에서 27명이 찬성했어. 나머지 6명은 잘못된 생각을 반성해야 해.

**다수결로 인한 소크라테스의 죽음**

고대의 철학자인 소크라테스는 청년들을 나쁜 길로 인도하고 아테네가 인정하는 신을 부정한다는 이유로 체포되었습니다. 이후 치러진 재판에서 배심원들의 절반 이상이 사형에 찬성하면서 소크라테스는 독배를 마시고 죽게 되었습니다. 소크라테스는 자신의 사상을 청년들에게 가르친 것뿐인데 다수결의 원칙에 따라 죽음을 맞이하게 된 것입니다. 소크라테스의 죽음을 통해 다수결의 원칙이 언제나 바람직한 것은 아님을 알 수 있습니다.

**1** 다음의 뜻을 가진 낱말을 보기 에서 찾아 쓰세요.

> 보기        안건        타협        구성원        민주주의

(1) 토의하거나 조사하여야 할 사실.                                 (                    )
(2) 어떤 조직이나 단체를 이루고 있는 사람.                         (                    )
(3) 어떤 일을 서로 양보해 가며 협력하여 의논함.                    (                    )
(4) 국민이 권력을 가지고 그 권력을 스스로 행사하는 제도.           (                    )

**2** 다음 문장에서 '의사'가 어떤 뜻으로 사용되었는지 번호를 쓰세요.

> 의사
> ① 무엇을 하고자 하는 생각.
> ② 나라와 민족을 위해 제 몸을 바쳐 일하려는 뜻을 가진 의로운 사람.
> ③ 일정한 자격을 가지고 병을 고치는 것을 직업으로 하는 사람.

(1) 안중근 의사의 기념관을 방문하였다.                              (                    )
(2) 두통이 심해서 의사의 진찰을 받았다.                             (                    )
(3) 운동을 좋아하지만 선수가 될 의사는 없다.                         (                    )

**3** 다음 빈칸에 들어갈 말의 뜻을 보고, 알맞은 낱말을 보기 에서 찾아 쓰세요.

> 보기        께름직하다        믿음직하다        바람직하다

(1) 숙제를 먼저 해 놓고 노는 것이 _____.
　　　　　　　　　　　　　　　 └ 바랄 만한 가치가 있다.

(2) 오늘 해야 할 일을 다 끝내지 못해서 _____.
　　　　　　　　　　　　　　　　　　 └ 마음에 걸려서 언짢고 싫은 느낌이 꽤 있다.

(3) 우리 모둠을 대표하여 발표하는 친구는 발표 경험이 많아서 _____.
　　　　　　　　　　　　　　　　　　　　　　　　　　　　 └ 매우 믿을 만하다.

신나는 퍼즐 퍼즐

가로세로 퍼즐을 완성하며, 주제4에서 공부한 용어의 뜻을
다시 한번 떠올려 봐요.

## 가로 열쇠

❶ 국민이 권력을 가지고 그 권력을 스스로 행사
하는 제도.

❸ 사람들이 건강하고 편안하고 행복하게 살 수
있게 갖추어진 사회 환경.

❻ 지방 자치 단체에서 중요한 정책을 결정하기
전에 전문가와 관계자, 주민 등을 모아 놓고 의견
을 듣는 절차.

❼ 국가의 사무를 집행하는 기관. [비슷] 관공서

❾ 오늘날의 보건소와 비슷한 역할을 하던 조선
시대의 관청.

⓫ 우편물 발송과 예금·송금 등을 주요 업무로 하
는 공공 기관.

## 세로 열쇠

❷ 지역 주민들이 자기가 사는 지역의 문제를 해결
하는 데 능동적으로 참여하는 것.

❹ 특별시·광역시·도·시·군과 같이 구역 내에서
법이 인정하는 한도의 지배권을 소유하는 단체.

❺ 범죄를 일으킨 사람이나 도둑을 잡아 심문하는
일을 하던 조선 시대의 관청.

❻ 개인의 이익이 아닌 주민 전체의 이익과 편의
를 위해 국가 또는 지방 자치 단체에서 운영하
는 기관.

❽ 나라의 살림을 맡아보던 조선 시대의 관청.

❿ 제시된 주장이나 의견에 찬성한다는 뜻으로 자
신의 이름을 써넣는 주민 참여 방법.

이번 주에 공부할 내용에 대한
주간 학습 계획을 세워 보세요.

| | 공부할 내용 | 교과 연계 | 공부한 날 | 스스로 평가 |
|---|---|---|---|---|
| 1장 | 오늘은 생일 선물 사러 가는 날 | 사회 4-2 [2단원], 6-1 [2단원] | 월     일 | 😣 😋 😊 |
| 2장 | 생산 활동과 소비 활동 | 사회 4-2 [2단원], 6-1 [2단원] | 월     일 | 😣 😋 😊 |
| 3장 | 물건 값은 어떻게 정해질까요 | 사회 4-2 [2단원], 6-1 [2단원] | 월     일 | 😣 😋 😊 |
| 4장 | 필요한 것을 서로 주고받아요 | 사회 4-2 [2단원], 6-1 [2단원] | 월     일 | 😣 😋 😊 |

정답 확인

하루한장 앱에서
학습 인증하고
하루템을 모으세요!

매체 독해  다음 자료를 보고, 물음에 답해 봅시다.

### 선하의 선택 기준표

| 선택 기준 \ 물건의 이름 | 연필 | | | 스티커 | | |
|---|---|---|---|---|---|---|
| | 3점 | 2점 | 1점 | 3점 | 2점 | 1점 |
| 가격이 적당한가? | ○ | | | | | ○ |
| 모양이 예쁜가? | | ○ | | ○ | | |
| 자주 사용하는가? | ○ | | | | | ○ |
| 점수 | 8점 | | | 5점 | | |

나는 선택 기준표의 결과에 따라 연필을 사기로 했어.

나는 선택 기준표의 결과에 따라 물총을 사기로 했어.

### 도경의 선택 기준표

| 선택 기준 \ 물건의 이름 | 필통 | | | 물총 | | |
|---|---|---|---|---|---|---|
| | 3점 | 2점 | 1점 | 3점 | 2점 | 1점 |
| 가격이 적당한가? | | ○ | | | | ○ |
| 오래 쓸 수 있는가? | ○ | | | | ○ | |
| 꼭 필요한가? | ○ | | | | | ○ |
| 점수 | 8점 | | | 4점 | | |

**1** 위 자료에서 알 수 있는 내용으로 알맞지 <u>않은</u> 것은 어느 것인가요?　( 　　　 )

① 도경은 필통과 물총 중에서 물총을 사기로 하였다.

② 선하는 연필과 스티커 중에서 연필을 사기로 하였다.

③ 선하와 도경이가 물건을 선택할 때 고려하는 기준은 같지 않다.

④ 도경의 선택 기준 중 '꼭 필요한가?' 항목에서 필통은 2점, 물총은 1점이다.

⑤ 선하의 선택 기준 중 '자주 사용하는가?' 항목에서 연필은 3점, 스티커는 1점이다.

**2** 위 자료를 보고, 빈칸에 들어갈 알맞은 말을 쓰세요.

> 현명한 선택을 한 사람은 (　　　　　　)(이)다. 그 이유는 선택 기준표의 결과를
> 참고하여 더 높은 점수를 받은 (　　　　　　)을/를 사기로 하였기 때문이다.

경제라는 말은 왠지 낯설고 어렵게만 느껴집니다. 하지만 우리는 끊임없이 경제 활동을 하며 살아갑니다. 경제 활동이란 사람들이 생활하는 데 필요한 ❶재화와 ❷서비스를 만들고 사용하는 것과 관련된 모든 활동을 말합니다. 즉, 버스나 지하철 등의 대중교통을 이용해 등교하는 것, 점심시간에 식당에서 음식을 사 먹는 것, 회사에서 상품을 만들거나 물건을 파는 것, 상점에 방문하거나 인터넷으로 필요한 물건을 사는 것 등이 모두 경제 활동에 해당합니다.

우리는 생활 속에서 여러 가지 크고 작은 선택을 하는데, 그것은 경제 활동에서도 마찬가지입니다. 생일 선물로 받은 용돈으로 새로 나온 장난감을 살지 책을 살지를 선택하기도 하고, 가족들과 여행을 갈 때 어디로 가서 무엇을 먹고 어떤 숙소를 예약할지 등을 선택하기도 합니다. 이렇게 경제 활동을 하는 모든 사람은 선택의 문제를 겪게 되며, 이때 사람들은 각자의 필요에 따라 원하는 것을 선택하게 됩니다. 따라서 무엇을 선택하는지는 사람에 따라 다를 수 있습니다.

경제 활동에서 이러한 선택의 문제가 일어나는 것을 이해하려면 '희소성'에 대해 먼저 알아야 합니다. 희소성이란 사람들의 ❸욕구는 ❹무한한데 이를 충족시켜 줄 돈이나 자원이 ❺한정되어 있어서 원하는 것을 모두 가질 수 없는 상태를 말합니다. 사람들은 끊임없이 무언가를 갖고 싶어 하거나 하고 싶어 합니다. 하지만 희소성 때문에 원하는 것을 모두 갖거나 할 수 없어서 선택의 문제를 겪게 되는 것입니다. 이러한 ㉠희소성은 항상 ❻일정한 것이 아니라 사람들이 생활하는 지역이나 시기에 따라 달라질 수도 있습니다.

희소한 자원을 이용해 나름의 만족을 얻기 위해서는 현명한 선택을 할 줄 알아야 합니다. 즉, 무언가를 선택할 때에는 나의 선택이 꼭 필요한 것인지, 이 선택으로 내가 얻을 수 있는 편리함이나 즐거움에는 어떤 것들이 있는지 ❼고려해야 합니다. 이처럼 여러 가지를 고려해 현명한 선택을 하면 큰 만족감을 얻을 수 있고, 돈과 자원을 절약할 수 있습니다.

-----------------------------------------------------------------

❶ **재화**: 사람이 바라는 바를 충족시켜 주는 모든 물건.

❷ **서비스**: 생산된 재화를 운반·배급하거나 생산·소비에 필요한 노동을 제공함.

❸ **욕구**: 무엇을 얻거나 무슨 일을 하고자 바라는 일.

❹ **무한**: 수, 양, 공간, 시간 따위에 제한이나 한계가 없음.

❺ **한정**: 수량이나 범위 따위를 제한하여 정함. 또는 그런 한도.

❻ **일정**: 어떤 것의 크기, 모양, 범위, 시간 따위가 하나로 정하여져 있음.

❼ **고려**: 생각하고 헤아려 봄.

**1** 이 글의 중심 내용으로 알맞은 것은 어느 것인가요? ( )

① 경제 활동의 종류
② 현명한 소비의 방법
③ 경제 활동과 현명한 선택
④ 한정된 자원의 선택과 포기
⑤ 경제 활동에서 인간이 느끼는 다양한 욕구

**2** 경제 활동에서 겪는 선택의 문제로 알맞지 <u>않은</u> 것은 어느 것인가요? ( )

① 어떤 상품을 더 만들까?
② 식당에서 무엇을 사 먹을까?
③ 여행 갈 때 어떤 숙소를 예약할까?
④ 사회 공부를 할까, 과학 공부를 할까?
⑤ 용돈으로 새로 나온 장난감을 살까, 책을 살까?

**3** 이 글에서 알 수 있는 내용으로 옳은 것에는 ○표, 옳지 <u>않은</u> 것에는 ×표 하세요.

(1) 돈을 벌지 않는 어린이들은 경제 활동을 하지 않는다. ( )
(2) 경제 활동을 하는 모든 사람이 선택의 문제를 겪는 것은 아니다. ( )
(3) 사람들이 무언가를 갖고 싶어 하거나 하고 싶어 하는 욕구는 무한하다. ( )
(4) 경제 활동이란 사람들이 생활하는 데 필요한 재화와 서비스를 만들고 사용하는 것과 관련된 모든 활동을 말한다. ( )

**4** 다음에서 설명하는 낱말을 이 글에서 찾아 쓰세요.

> 사람들의 욕구는 무한한데 이를 충족시켜 줄 돈이나 자원이 한정되어 있어서 원하는 것을 모두 가질 수 없는 상태를 말한다.

( )

**5** ㉠에 해당하는 예로 알맞은 것은 어느 것인가요? (정답 2개)　　　　　　　(　　　　)

① 생일 선물로 장난감과 운동화 중 하나만 선택해야 한다.
② 집에서의 생수 한 통과 사막에서의 생수 한 통의 가치는 다르다.
③ 가족들과 여행을 갈 때 어떤 교통수단을 이용할지 결정해야 한다.
④ 예전과 달리 요즘에는 맑은 공기를 담은 공기 캔을 판매하는 곳도 있다.
⑤ 학용품을 고를 때에는 가격이 적당한지, 오래 쓸 수 있는지 살펴봐야 한다.

**6** 다음 빈칸에 들어갈 알맞은 말을 골라 ○표 하세요.

> 우리는 ( 풍부한 / 희소한 ) 자원을 이용해 나름의 만족을 얻어야 한다. 이때 여러 가지를 고려해 현명한 선택을 하면 큰 만족감을 얻을 수 있고, 돈과 자원을 ( 낭비 / 절약 )할 수 있다.

**7** 다음 중 현명한 선택을 한 사람의 이름을 쓰세요.

> • 선빈: 옷이 예뻐서 샀는데 생각보다 작아서 불편해. 조금 더 큰 옷을 고를걸…….
> • 도현: 요즘 유행하는 운동화를 샀는데 발이 아파서 발이 편한 운동화를 살걸 하고 후회했어.
> • 하은: 부모님께 생일 선물로 받고 싶은 것이 많았지만 쓰던 가방이 너무 낡아서 튼튼한 가방을 사 달라고 했어.

(　　　　　　)

**현명한 선택, 기회비용**
경제 활동에서 어느 한 가지를 선택하기 때문에 포기하게 된 것의 가치를 '기회비용'이라고 합니다. 기회비용은 실제 돈이 들어간 비용은 아니지만, 얻을 수 있었던 것을 얻지 못하게 되었기 때문에 붙여진 이름입니다. 선택을 할 때에는 포기해야 하는 것이 있기 때문에 모든 선택에는 기회비용이 따릅니다. 그러므로 무언가를 선택할 때에는 곰곰이 생각해 보고, 기회비용이 적은 것을 선택하는 것이 좋습니다.

**1** 다음 낱말의 뜻으로 알맞은 것을 선으로 이어 보세요.

(1) 고려 •

(2) 욕구 •

(3) 재화 •

(4) 서비스 •

• ㉠ 생각하고 헤아려 봄.

• ㉡ 사람이 바라는 바를 충족시켜 주는 모든 물건.

• ㉢ 무엇을 얻거나 무슨 일을 하고자 바라는 일.

• ㉣ 생산된 재화를 운반·배급하거나 생산·소비에 필요한 노동을 제공함.

**2** 다음 문장에 들어갈 말을 바르게 쓴 것에 ○표 하세요.

(1) 콘서트장 입구에는 줄이 ( 끈임없이 / 끊임없이 ) 이어져 있었다.

(2) 이 마을에 처음 왔는데도 ( 낫설지 / 낯설지 ) 않은 느낌이 들었다.

(3) 벽에 페인트를 칠한 후 빈 곳이 있는지 ( 꼼꼼이 / 꼼꼼히 ) 살펴보았다.

**3** 다음 빈칸에 들어갈 말의 뜻을 보고, 알맞은 낱말을 보기 에서 찾아 쓰세요.

보기          무한     일정     한정

(1) 지식은 그 종류와 양이 _____하다.
└ 수, 양, 공간, 시간 따위에 제한이나 한계가 없음.

(2) _____ 기간이 지나면 환불할 수 없다.
└ 어떤 것의 크기, 모양, 범위, 시간 따위가 하나로 정하여져 있음.

(3) 지우는 선착순으로 _____ 판매하는 상품을 사려고 상품 진열대를 향해 뛰었다.
└ 수량이나 범위 따위를 제한하여 정함. 또는 그런 한도.

# 생산 활동과 소비 활동

 다음 학습지를 보고, 물음에 답해 봅시다.

 생산과 소비에 대해 알아봅시다

• 생산: 생활에 필요한 물건을 만들거나 우리 생활을 편리하고 즐겁게 해 주는 활동.

▲ 배추 농사 짓기

▲ 과자 만들기

▲ 공연하기

• 소비: 생산한 것을 쓰는 것.

▲ 분식 사 먹기

▲ 머리 손질 받기

▲ 공연 관람하기

**1** 생산과 소비에 대한 설명으로 옳은 것에는 ○표, 옳지 <u>않은</u> 것에는 ×표 하세요.

(1) 소비란 생산한 것을 쓰는 것을 말한다. ( )

(2) 과자 만들기처럼 생활에 필요한 것을 만드는 활동은 생산에 해당한다. ( )

(3) 첼리스트가 공연하는 것과 같이 우리 생활을 즐겁게 해 주는 활동은 소비 활동에 해당한다. ( )

**2** 소비의 예로 알맞지 <u>않은</u> 것에 V표 하세요.

| 분식 사 먹기 | 공연 관람하기 | 배추 농사 짓기 | 미용실에서 머리 손질 받기 |
|---|---|---|---|
| ☐ | ☐ | ☐ | ☐ |

'생산'은 사람들이 생활하는 데 필요한 재화나 서비스를 만들어 내는 활동을 말합니다. 여기서 재화는 눈으로 보거나 손으로 만질 수 있는 형태가 있는 물건이며, 서비스는 사람이 다른 사람을 만족시키기 위하여 하는 활동으로, 눈으로 보거나 손으로 만질 수 없습니다.

생산 활동은 크게 생활에 필요한 것을 자연에서 얻는 활동, 생활에 필요한 것을 만드는 활동, 생활을 편리하고 즐겁게 해 주는 활동으로 나누어 볼 수 있습니다. 농작물을 길러 수확하는 농업이나 바다에서 물고기, 조개 등을 잡는 어업, 산에서 목재를 얻거나 버섯을 따는 임업은 생활에 필요한 것을 자연에서 얻는 활동에 해당하고, 공장에서 운동화나 휴대 전화 등을 만들어 내는 것은 생활에 필요한 것을 만드는 활동에 해당합니다. 상인이 물건을 파는 것이나 의사가 환자를 진료하는 것, 가수가 공연하는 것은 생활을 편리하고 즐겁게 해 주는 활동에 해당합니다.

생산 활동을 통해 만들어진 재화나 서비스를 구매하거나 사용하는 활동은 '소비'라고 합니다. 소비는 사람들이 살아가는 데 기본적으로 필요한 ㉠의식주를 해결하기 위한 것으로, 입을 옷과 먹을 음식, 머무를 공간을 마련하기 위한 활동을 말합니다. 사람들은 소비를 하는 가장 기본적인 이유인 먹고사는 일 외에도 더 나은 생활을 위하여 소비 활동을 하기도 합니다. 취미나 ❶문화생활을 즐기거나 교육을 받기 위해서 돈을 쓰고, 몸이 아프면 병원에서 치료를 받으며, 가족들과 식당에 가서 맛있는 음식을 사 먹기도 합니다.

그렇다면 생산과 소비는 어떤 관계가 있을까요? 사람들은 필요한 것이 있으면 이를 구입하여 씁니다. 이때 필요한 것을 생산해서 판매하는 사람에게 ❷대가나 비용을 ❸지불해야 하는데, 그러기 위해서는 생산에 참여해 얻은 ❹소득이 있어야 합니다. 즉, 생산을 하지 않으면 소득을 얻을 수 없기 때문에 소비를 할 수 없고, 소비를 하지 않으면 생산도 ❺원활하게 이루어지지 않습니다. 또한 제공되는 동시에 소비자에 의해 소비되는 서비스처럼 생산과 소비가 동시에 일어나는 경우도 있습니다. 이처럼 생산과 소비는 서로 ❻밀접하게 연결되어 있습니다.

---

❶ **문화생활**: 문화를 누리면서 사는 생활.
❷ **대가**: 물건의 값으로 치르는 돈.
❸ **지불**: 돈을 내어 줌. 또는 값을 치름.
❹ **소득**: 일한 결과로 얻은 정신적·물질적 이익.
❺ **원활**: 거침이 없이 잘 되어 나감.
❻ **밀접**: 아주 가깝게 맞닿아 있음. 또는 그런 관계에 있음.

**1** 이 글의 중심 내용으로 알맞은 것은 어느 것인가요?　　　　　　　（　　　　）

① 생산과 소비
② 소비와 저축
③ 재화와 서비스
④ 생산 활동의 종류
⑤ 소득을 얻는 방법

**2** 이 글에 나온 내용이 <u>아닌</u> 것은 어느 것인가요?　　　　　　　（　　　　）

① 생산의 뜻
② 소비의 뜻
③ 생산과 소비의 관계
④ 소비 활동의 세 가지 종류
⑤ 생산 활동의 구체적인 모습

**3** 생산에 대한 설명으로 옳은 것을 보기 에서 모두 골라 기호를 쓰세요.

> 보기
> ㉠ 재화나 서비스를 구매하거나 사용하는 활동이다.
> ㉡ 사람들의 생활을 편리하고 즐겁게 해 주는 활동도 생산에 해당한다.
> ㉢ 사람들이 생활하는 데 필요한 재화나 서비스를 만들어 내는 활동이다.
> ㉣ 서비스는 눈으로 보거나 손으로 만질 수 없기 때문에 생산의 대상이
> 아니다.

（　　　　　　　　　）

**4** 다음 생산 활동에 해당하는 설명을 선으로 이어 보세요.

(1) 농사짓기,
물고기 잡기　　　　　　　・

・㉠ 생활에 필요한 것을 만드
는 활동

(2) 공연하기,
환자 진료하기　　　　　　・

・㉡ 생활을 편리하고 즐겁게
해 주는 활동

(3) 운동화나
휴대 전화 만들기　　　　　・

・㉢ 생활에 필요한 것을 자연
에서 얻는 활동

**5** ㉠에 대한 설명으로 알맞은 것은 어느 것인가요? ( )

① 문화를 누리면서 사는 생활이다.

② 인간의 정신적·육체적인 활동이다.

③ 사람들이 소비 활동을 하는 가장 기본적인 이유이다.

④ 전문적으로 하는 것이 아니라 즐기기 위하여 하는 일이다.

⑤ 사람들이 갖고 싶거나 하고 싶은 것을 충족해 주는 활동이다.

**6** 소비 활동의 모습으로 알맞지 <u>않은</u> 것은 어느 것인가요? ( )

① 영어 학원에 등록하는 일

② 야구장에서 야구 경기를 보는 일

③ 시장에서 상인이 과일을 판매하는 일

④ 몸이 아파서 병원에서 치료를 받는 일

⑤ 가족들과 식당에 가서 맛있는 음식을 사 먹는 일

**7** 생산과 소비의 관계를 <u>잘못</u> 설명한 사람의 이름을 쓰세요.

- 유건: 생산을 하지 않으면 소비를 할 수 없어.
- 민준: 생산과 소비가 동시에 일어나는 경우는 없어.
- 다은: 소비를 하지 않으면 생산도 원활하게 이루어지지 않아.
- 승아: 소비를 하기 위해서는 생산자에게 비용을 지불해야 해.

( )

**생산에 필요한 생산 요소**

신발을 만들려면 어떤 것들이 필요할까요? 먼저 고무액, 가죽 등 신발을 만들 때 필요한 원료가 있어야 하고, 신발 공장을 지을 땅과 건물이 필요하며, 공장에서 신발을 만들 사람들이 필요합니다. 이처럼 재화나 서비스를 생산할 때 필요한 천연자원, 자본, 노동과 같은 것들을 생산 요소라고 합니다.

**1** 다음의 뜻을 가진 낱말을 보기 에서 찾아 쓰세요.

> 보기    대가    소득    지불    문화생활

(1) 물건의 값으로 치르는 돈.                          (          )
(2) 문화를 누리면서 사는 생활.                        (          )
(3) 돈을 내어 줌. 또는 값을 치름.                      (          )
(4) 일한 결과로 얻은 정신적·물질적 이익.              (          )

**2** 다음 빈칸에 들어갈 말의 뜻을 보고, 알맞은 낱말을 보기 에서 찾아 쓰세요.

> 보기    먹고살기    사고팔기    주고받기

(1) 사람들은 _____ 위해서 직업을 가지고 일을 한다.
   └ 생계를 유지하기

(2) 이사 간 친구와 이메일을 _____ 위해 계정을 만들었다.
   └ 서로 주기도 하고 받기도 하기

(3) 사람들은 물건을 _____ 위해 인터넷을 이용하기도 한다.
   └ 물건 따위를 사기도 하고 팔기도 하기

**3** 다음 밑줄 친 말과 반대의 뜻을 가진 낱말을 보기 에서 찾아 쓰세요.

> 보기    불만    생산    판매

(1) 학용품을 구입하는 데 3,000원을 썼다.  ↔  [          ]

(2) 친구들의 생일 선물을 사느라 소비가 늘었다.  ↔  [          ]

(3) 숙제를 제시간에 다 끝냈을 때 만족을 느꼈다.  ↔  [          ]

정답 확인
하루한장 앱에서
학습 인증하고
하루템을 모으세요!

 **매체 독해** 다음 뉴스 화면을 보고, 물음에 답해 봅시다.

ⓐ , '부르는 게 값'

코로나19에 대한 불안이 확산되면서 마스크 수요가 급증하고 있습니다. 일부 온라인 쇼핑몰의 경우 넘치는 마스크 주문량을 감당하지 못하여 일방적으로 주문을 취소하는 사례도 발생하고 있습니다. 마스크 수요는 급증한 데 비해 공급이 이에 미치지 못하면서 가격도 크게 올랐습니다. 마스크 가격은 최근 일주일 새 5배가량 크게 올랐으며, 마스크를 코로나19 이전보다 10배 이상 비싸게 판매하는 곳도 생겨났습니다.

**1** ⓐ에 들어갈 알맞은 말에 ○표 하세요.

| 튼튼한 마스크 ☐ | 치솟는 마스크 가격 ☐ | 독특한 모양의 마스크 ☐ |
|---|---|---|

**2** 위 뉴스에서 마스크의 가격이 크게 오른 까닭은 무엇인가요?　　　　　(　　　　)

① 기존 마스크에 대한 불만이 확산되어서

② 마스크를 생산하는 공장이 대부분 폐업하게 되어서

③ 마스크 수요가 급증한 데 비해 공급이 그에 미치지 못해서

④ 마스크를 생산하는 공장이 많아지면서 마스크의 공급도 늘어나서

⑤ 가격이 높아질수록 사람들이 마스크의 품질이 좋아진다고 생각해서

상점에 가면 물건마다 가격표가 붙어 있습니다. 모든 물건에는 정해진 가격이 있고, 사람들은 가격에 따라 물건을 ㉠사고팔 때 돈을 주고받습니다. 이처럼 '가격'이란 물건이 지니고 있는 ❶가치를 돈으로 나타낸 것을 말합니다.

가격은 어떻게 결정될까요? 상품을 팔려는 생산자는 가능하면 비싼 가격에 팔고 싶어 하고, 반대로 상품을 사려는 소비자는 되도록 싼 가격에 사고 싶어 합니다. 하지만 생산자가 너무 비싼 가격에 물건을 팔려고 하면 소비자는 물건을 사지 않을 것이고, 소비자가 너무 싼 가격에 물건을 사려고 하면 생산자는 물건을 팔지 않을 것입니다. 그래서 일정한 가격에서 생산자가 팔고자 하는 상품의 양인 공급량과 일정한 가격에서 소비자가 사고자 하는 상품의 양인 수요량이 ❷일치하는 점에서 가격이 결정됩니다.

그렇다면 한번 정해진 가격은 절대로 변하지 않는 것일까요? 가격은 ❸수요와 ❹공급이 변화하면 달라질 수 있습니다. 예를 들면, 어떤 의류업체가 가을 옷을 생산하여 팔려고 내놓았는데 9월까지도 더운 날씨가 이어진다면 어떻게 될까요?(단, 공급은 일정함.) 소비자들은 가을 옷이 필요하다고 느끼지 못할 것이므로 수요가 줄어들 것이고, 의류업체에서는 생산한 옷을 팔기 위해 옷의 가격을 내려서 판매하게 됩니다. 반대로 9월 초부터 날씨가 쌀쌀해진다면 가을 옷을 찾는 사람들이 많아져서 수요가 늘어나고 옷의 가격도 오르게 될 것입니다. 이처럼 상품의 공급이 변하지 않는 상황에서 수요가 변화하면 가격은 달라지게 됩니다. 공급의 변화도 가격에 영향을 미칩니다. 상품의 수요는 일정한데 공급이 증가하면 가격은 내려가고, 공급이 감소하면 가격은 올라가게 됩니다.

가격은 소비자에게는 무엇을 얼마나 살지, 생산자에게는 무엇을 얼마나 만들어 팔지 결정해 주는 신호등 역할을 합니다. 이를 통해 소비자와 생산자는 합리적인 경제 활동의 방향을 잡습니다. 또한, 가격은 한정된 자원을 낭비하거나 모자라지 않게 적절히 ❺배분하는 역할도 합니다. 영국의 경제학자인 애덤 스미스는 이렇게 ❻시장을 자연스럽게 돌아가게 하는 가격의 기능을 가리켜 '보이지 않는 손'이라고 하였습니다.

---

❶ **가치**: 사물이 지니고 있는 쓸모.

❷ **일치**: 비교되는 대상들이 서로 어긋나지 아니하고 같거나 들어맞음.

❸ **수요**: 소비자가 어떤 상품을 사려고 하는 욕구.

❹ **공급**: 생산자가 어떤 상품을 팔고자 하는 욕구.

❺ **배분**: 일정하게 맞추어서 여러 몫으로 나눔.

❻ **시장**: 상품으로서의 재화와 서비스의 거래가 이루어지는 추상적인 영역.

**1** 이 글의 중심 낱말로 알맞은 것을 골라 ○표 하세요.

> 돈       가격       거래       공급       수요

**2** 이 글에 나온 내용이 <u>아닌</u> 것은 어느 것인가요?          (      )

① 가격의 뜻                  ② 가격의 기능

③ 가격의 변동               ④ 가격의 결정 원리

⑤ 수요 곡선과 공급 곡선

**3** ㉠과 바꾸어 쓸 수 있는 말로 알맞은 것은 어느 것인가요?          (      )

① 고려할                  ② 거래할

③ 배분할                  ④ 일치할

⑤ 준비할

**4** 가격에 대해 바르게 설명한 사람의 이름을 모두 쓰세요.

> - 석훈: 공급량과 수요량과는 관련이 없어.
> - 다은: 한번 정해진 가격은 절대로 변하지 않아.
> - 지효: 소비자와 생산자의 합리적인 경제 활동을 도와줘.
> - 현서: 물건이 지니고 있는 가치를 돈으로 나타낸 것이야.

                                                       (                 )

**5** 이 글의 내용에 맞게 빈칸에 들어갈 알맞은 말에 ○표 하세요.

(1) ( 공급량 / 수요량 )은 일정한 가격에서 소비자가 사고자 하는 상품의 양을 말하고,

　　( 공급량 / 수요량 )은 일정한 가격에서 생산자가 팔고자 하는 상품의 양을 말한다.

(2) 상품의 공급이 변하지 않는 상황에서 수요가 감소하면 가격은 ( 내려가게 / 올라가게 )

　　되고, 상품의 수요는 일정한데 공급이 감소하면 가격은 ( 내려가게 / 올라가게 ) 된다.

**6** 다음 밑줄 친 부분에 들어갈 알맞은 내용을 이 글에서 찾아 쓰세요.

> 　영국의 경제학자인 애덤 스미스는 시장을 자연스럽게 돌아가게 하는 가격의 기능을 가리켜 '＿＿＿＿＿＿＿'(이)라고 하였다.

( 　　　　　　　　　　 )

**7** 다음 대화를 보고, 나타날 수 있는 변화로 알맞은 것은 어느 것인가요? (단, 다른 조건은 일정함.)　　　　　　　　　　　　　　　　　　　　　　　(정답 2개) ( 　　　　 )

> • 현경: 엄마, 우유가 성장에 도움을 준다는 연구 결과가 발표되었대요.
> • 엄마: 그래? 그럼 우유를 잘 먹어야겠구나.

① 우유의 가격이 내릴 것이다.

② 우유의 가격이 오를 것이다.

③ 우유에 대한 수요가 늘어날 것이다.

④ 우유에 대한 수요가 줄어들 것이다.

⑤ 우유가 더 이상 판매되지 않을 것이다.

**다양한 시장**

시장은 생산자와 소비자가 주로 물건을 주고받으며 거래하는 곳을 말합니다. 전통 시장, 백화점, 대형 할인점 등은 직접 가서 물건을 구입하는 시장입니다. 텔레비전 홈 쇼핑, 인터넷 쇼핑 등 실제 장소는 없지만 거래가 이루어지는 장치나 환경도 모두 시장이라고 합니다. 또한, 인력 시장, 주식 시장, 부동산 시장 등 만질 수 없는 물건을 사고파는 시장도 있습니다.

**1** 다음 낱말의 뜻으로 알맞은 것을 선으로 이어 보세요.

(1) 가치 •

(2) 배분 •

(3) 시장 •

(4) 일치 •

• ㉠ 사물이 지니고 있는 쓸모.

• ㉡ 일정하게 맞추어서 여러 몫으로 나눔.

• ㉢ 비교되는 대상들이 서로 어긋나지 아니하고 같거나 들어맞음.

• ㉣ 상품으로서의 재화와 서비스의 거래가 이루어지는 추상적인 영역.

**2** 다음 빈칸에 들어갈 말의 뜻을 보고, 알맞은 낱말을 보기 에서 찾아 쓰세요.

| 보기 | 되도록 | 적절히 | 절대로 |
|------|--------|--------|--------|

(1) 시간이 없어서 _____ 빨리 일을 시작하였다.
　　　　　　└ 될 수 있는 대로.

(2) 아무리 바빠도 일기 쓰는 것은 _____ 빠트리지 않았다.
　　　　　　└ 어떠한 경우에도 반드시.

(3) 딸기가 잘 자라도록 비닐하우스 안의 온도를 _____ 조절하였다.
　　　　　　└ 꼭 알맞게.

**3** 다음 문장에 들어갈 말을 바르게 쓴 것에 ○표 하세요.

(1) 책을 ( 사려고 / 살려고 ) 동네 서점에 갔다.

(2) 반찬이 ( 모자라지 / 모자르지 ) 않도록 넉넉하게 담았다.

(3) 상품이 인기를 끌면서 ( 거래량 / 거래양 )도 크게 늘었다.

# 필요한 것을 서로 주고받아요

 매체 독해    다음 상품 정보를 보고, 물음에 답해 봅시다.

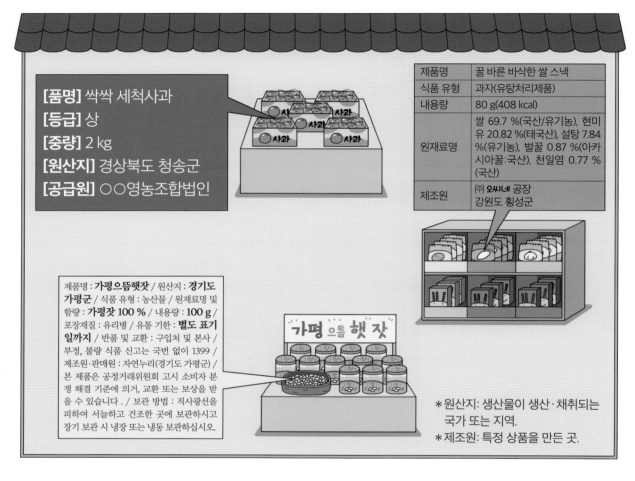

**[품명]** 싹싹 세척사과
**[등급]** 상
**[중량]** 2 kg
**[원산지]** 경상북도 청송군
**[공급원]** ○○영농조합법인

| 제품명 | 꿀 바른 바삭한 쌀 스낵 |
|---|---|
| 식품 유형 | 과자(유탕처리제품) |
| 내용량 | 80 g(408 kcal) |
| 원재료명 | 쌀 69.7 %(국산/유기농), 현미유 20.82 %(태국산), 설탕 7.84 %(유기농), 벌꿀 0.87 %(아카시아꿀:국산), 천일염 0.77 %(국산) |
| 제조원 | ㈜오씨네 공장 강원도 횡성군 |

제품명 : **가평으뜸햇잣** / 원산지 : **경기도 가평군** / 식품 유형 : 농산물 / 원재료명 및 함량 : **가평잣 100 %** / 내용량 : **100 g** / 포장재질 : 유리병 / 유통 기한 : **별도 표기일까지** / 반품 및 교환 : 구입처 및 본사 / 부정, 불량 식품 신고는 국번 없이 1399 / 제조원·판매원 : 자연누리(경기도 가평군) / 본 제품은 공정거래위원회 고시 소비자 분쟁 해결 기준에 의거, 교환 또는 보상을 받을 수 있습니다. / 보관 방법 : 직사광선을 피하여 서늘하고 건조한 곳에 보관하시고 장기 보관 시 냉장 또는 냉동 보관하십시오.

＊원산지: 생산물이 생산·채취되는 국가 또는 지역.
＊제조원: 특정 상품을 만든 곳.

**1** 사과의 상품 정보에서 확인할 수 <u>없는</u> 것은 어느 것인가요? ( )

① 등급      ② 중량      ③ 품명      ④ 공급원      ⑤ 유통 기한

**2** 상품 정보의 내용으로 알맞지 <u>않은</u> 것은 어느 것인가요? ( )

① 잣의 원산지는 경기도 가평군이다.

② 사과의 중량은 2 kg이고, 과자의 내용량은 80 g이다.

③ 과자의 원재료는 쌀이 69.7 %, 현미유가 20.82 %를 차지한다.

④ 사과의 상품 등급은 상이고, 잣의 상품 등급은 상품 정보에 나와 있지 않다.

⑤ 사과의 원산지는 경상북도 청송군이고, 과자의 원산지는 강원도 횡성군이다.

쌀, 고추, 한우, 굴비 등 우리 밥상에 있는 반찬의 재료들은 어디에서 왔을까요? 우리 지역에서 얻은 **❶식재료**도 있겠지만, 우리 지역에서 생산되지 않거나 다른 지역에서 생산되는 식재료 중 **❷품질**이 더 우수하고 맛이 좋은 식재료가 밥상에 올라올 수도 있습니다. 이처럼 다른 지역에서 생산된 식재료들이 우리 지역까지 오게 된 것은 지역과 지역이 경제적 교류를 하기 때문입니다. 경제적 교류란 개인이나 지역이 경제적 이익을 얻기 위해 물건, 기술, 정보 등을 서로 주고받는 것을 말합니다. 이러한 경제적 교류는 지역이나 국가마다 자연환경과 생산 기술, 자원, 인구 등이 다르기 때문에 이루어집니다.

각 지역들은 경제적 교류를 통해 다양한 이점을 얻을 수 있습니다. 먼저 상품 전시회나 홍보관 등에서 다른 지역의 경제 소식 등 다양하고 ㉠유용한 정보를 주고받을 수 있습니다. **❸직거래** 장터 등에서는 지역의 **❹특산물**을 소개하거나 지역을 홍보해 경제적 이익을 얻을 수 있습니다. 또한, 가까운 지역과 기술 협력을 함으로써 더 나은 상품을 개발할 수도 있으며, 다른 지역과 **❺자매결연**을 맺어 우수한 물건을 서로 소개하고 지역 간의 **❻화합**을 이루기도 합니다.

그렇다면 우리 생활 속에서 경제적 교류는 어떤 모습으로 이루어지고 있을까요? 경제적 교류를 하는 대상은 개인, 기업, 지역, 국가 등 다양합니다. 옛날에는 주로 지역이나 국가 사이의 경제적 교류가 대부분이었지만, 오늘날에는 교통과 통신의 발달로 개인이나 기업도 여러 가지 방법으로 활발하게 경제적 교류를 하게 되었습니다. 또한, 경제적 교류가 이루어지는 방법도 다양해졌습니다. 옛날에는 주로 전통 시장에서 직접 만나 교류하였지만, 오늘날에는 전통 시장뿐만 아니라 할인 매장, 농수산물 시장 등 각 지역에서 다양한 물건이 오가는 대형 시장에서 직접 교류합니다. 또 장소나 시간의 제한을 받지 않는 인터넷, 홈 쇼핑과 같은 **❼대중 매체**를 이용해 교류하기도 합니다. 이렇게 다양한 경제적 교류를 통해 경제적 교류의 대상들은 서로 경제적 이익을 얻고, 좋은 관계를 유지하며 가깝게 지낼 수 있습니다.

---

**❶ 식재료**: 음식을 만드는 데에 쓰는 재료.

**❷ 품질**: 물건의 성질과 바탕.

**❸ 직거래**: 중간에 이어 주는 사람 없이 살 사람과 팔 사람이 직접 거래함.

**❹ 특산물**: 어떤 지역에서 특별히 생산되어 나오는 물건.

**❺ 자매결연**: 한 지역이나 단체가 다른 지역이나 단체와 친하고 좋은 관계를 맺는 일.

**❻ 화합**: 서로 뜻이 맞고 정답게 어울림.

**❼ 대중 매체**: 신문, 잡지, 영화, 텔레비전 따위와 같이 많은 사람에게 대량으로 사실이나 정보를 전달하는 수단.

**1** 이 글에서 알 수 있는 내용이 <u>아닌</u> 것은 어느 것인가요? ( )

① 경제적 교류의 뜻  ② 경제적 교류의 이로운 점

③ 경제적 교류의 대상과 방법  ④ 경제적 교류가 이루어지는 까닭

⑤ 경제적 교류를 하면서 생기는 문제점

**2** 이 글의 짜임을 바르게 설명한 것은 어느 것인가요? ( )

① 현재에서 과거의 일을 떠올리며 설명하였다.

② 글쓴이가 공간을 이동해 가면서 대상을 설명하였다.

③ 주장을 하고 나서 그것을 이룰 수 있는 방법을 제시하였다.

④ 하나의 주제에 대하여 몇 가지 특징을 나열하여 설명하였다.

⑤ 두 가지의 서로 다른 대상을 놓고 차이점을 비교하여 설명하였다.

**3** 경제적 교류가 이루어지는 까닭으로 알맞은 것을 보기 에서 모두 골라 기호를 쓰세요.

> 보기  ㉠ 국가마다 인구가 다르기 때문이다.
> ㉡ 지역마다 생산 기술이 다르기 때문이다.
> ㉢ 각 지역들의 자연환경이 비슷하기 때문이다.
> ㉣ 국가마다 가지고 있는 자원이 같기 때문이다.

( )

**4** 경제적 교류를 통해 지역들이 얻을 수 있는 이점이 <u>아닌</u> 것은 어느 것인가요? ( )

① 기술 협력으로 더 나은 상품을 개발할 수 있다.

② 다른 지역의 경제 소식 등 유용한 정보를 주고받을 수 있다.

③ 지역의 특산물을 소개하거나 지역을 홍보해 경제적 이익을 얻을 수 있다.

④ 다른 지역과 우수한 물건을 서로 소개하고 지역 간의 화합을 이룰 수 있다.

⑤ 전통 시장뿐만 아니라 인터넷이나 홈 쇼핑과 같은 대중 매체를 이용할 수 있다.

**5** 경제적 교류의 모습에 대한 설명으로 옳은 것에는 ○표, 옳지 <u>않은</u> 것에는 ×표 하세요.

(1) 오늘날에는 더 이상 전통 시장에서 교류하지 않는다. ( )

(2) 경제적 교류의 대상에는 개인, 기업, 지역, 국가 등이 있다. ( )

(3) 대중 매체를 이용한 경제적 교류로 장소나 시간의 제한을 받지 않게 되었다.
( )

(4) 오늘날에는 개인이나 기업보다 지역이나 국가 사이의 경제적 교류가 더 활발하다.
( )


**6** ㉠과 바꾸어 쓸 수 있는 말로 알맞지 <u>않은</u> 것은 어느 것인가요? ( )

① 유해한　　　　　　② 필요한　　　　　　③ 가치 있는

④ 소용 있는　　　　　⑤ 쓸모 있는


**7** 다음 사례에 대한 설명으로 알맞지 <u>않은</u> 것은 어느 것인가요? ( )

> 　전라남도 고흥군과 서울특별시 노원구는 자매결연을 하여 생산물과 관광 자원을 교류하고 있다. 자매결연 이후 마련된 직거래 장터에는 품질 좋은 고흥의 농수산물을 구매하기 위하여 많은 노원구민들이 찾아와 뜨거운 호응을 보였다.

① 두 지역이 농업 기술을 교류하고 있다.
② 촌락과 도시가 생산물을 교환하고 있다.
③ 직거래 장터를 이용하여 교류하고 있다.
④ 두 지역의 교류는 지역 간의 화합을 가져올 수 있다.
⑤ 생산물과 관광 자원을 활용한 경제적 교류가 이루어지고 있다.

**우리나라의 다양한 특산물**
특산물은 어떤 지역을 대표할 수 있는 특별한 상품이나 산물을 말합니다. 좁게는 곡물, 과일, 채소, 육류, 어패류와 같은 식품류를 일컫지만, 넓게는 공산품과 전통 제품도 포함한 말입니다. 우리나라에서 널리 알려진 특산물로는 안성 유기, 이천 도자기, 영광 굴비, 나주 배, 안동 모시, 담양 죽세공품, 상주 곶감, 보성 녹차, 통영 나전 칠기, 제주 감귤 등이 있습니다.

**1** 다음의 뜻을 가진 낱말을 보기 에서 찾아 쓰세요.

> 보기      품질      직거래      특산물      자매결연

(1) 물건의 성질과 바탕.                                              (          )

(2) 어떤 지역에서 특별히 생산되어 나오는 물건.                        (          )

(3) 중간에 이어 주는 사람 없이 살 사람과 팔 사람이 직접 거래함.       (          )

(4) 한 지역이나 단체가 다른 지역이나 단체와 친하고 좋은 관계를 맺는 일.

(          )

**2** 다음 밑줄 친 말과 비슷한 뜻을 가진 낱말을 보기 에서 찾아 쓰세요.

> 보기            도움            우등            평화

(1) <u>우수</u> 학생은 장학금을 받을 수 있다. ⋯⋯⋯⋯⋯⋯⋯⋯⋯⋯⋯⋯ ☐

(2) 우리 모둠의 <u>화합</u>을 위해 모두 열심히 노력하였다. ⋯⋯⋯⋯⋯⋯ ☐

(3) 사람은 자기에게 <u>이익</u>이 되는 일만 하면서 살 수는 없다. ⋯⋯⋯ ☐

**3** 다음 문장에서 '얻다'가 어떤 뜻으로 사용되었는지 번호를 쓰세요.

> 얻다
> ① 거저 주는 것을 받아 가지다.
> ② 긍정적인 태도·반응·상태 따위를 가지거나 누리게 되다.
> ③ 구하거나 찾아서 가지다.

(1) 지훈이는 시장에서 일자리를 <u>얻었다</u>.                            (          )

(2) 민주는 이웃집에서 거실에 놓을 의자 하나를 <u>얻었다</u>.            (          )

(3) 선빈이는 친구의 도움에 용기를 <u>얻고</u> 하던 일을 계속했다.       (          )

**주제5** 경제 활동

낱말판의 가로, 세로, 대각선에 숨어 있는 낱말을 찾으며,
주제5에서 공부한 용어의 뜻을 다시 한번 떠올려 봐요.

정답 확인

| 경 | 문 | 화 | 가 | 치 | 동 | 희 | 소 | 성 |
|---|---|---|---|---|---|---|---|---|
| 도 | 자 | 생 | 격 | 미 | 등 | 서 | 통 | 스 |
| 소 | 합 | 매 | 활 | 어 | 생 | 특 | 진 | 료 |
| 비 | 리 | 통 | 결 | 업 | 공 | 활 | 산 | 환 |
| 이 | 적 | 합 | 사 | 연 | 급 | 의 | 사 | 물 |
| 재 | 화 | 청 | 회 | 비 | 병 | 원 | 주 | 자 |
| 물 | 수 | 주 | 한 | 우 | 리 | 나 | 생 | 산 |
| 주 | 요 | 라 | 경 | 제 | 활 | 동 | 변 | 화 |

### 힌트

❶ 사람들이 생활하는 데 필요한 재화와 서비스를 만들고 사용하는 것과 관련된 모든 활동.

❷ 사람들의 욕구는 무한한데 이를 충족시켜 줄 돈이나 자원이 한정되어 있어서 원하는 것을 모두 가질 수 없는 상태. 예 자원의 □□□

❸ 사람이 바라는 바를 충족시켜 주는 모든 물건.

❹ 사람들이 생활하는 데 필요한 재화나 서비스를 만들어 내는 활동.

❺ 생산 활동을 통해 만들어진 재화나 서비스를 구매하거나 사용하는 것.

❻ 물건이 지니고 있는 가치를 돈으로 나타낸 것. 비슷 값

❼ 생산자가 어떤 상품을 팔고자 하는 욕구.

❽ 소비자가 어떤 상품을 사려고 하는 욕구.

❾ 한 지역이나 단체가 다른 지역이나 단체와 친하고 좋은 관계를 맺는 일.

❿ 어떤 지역에서 특별히 생산되어 나오는 물건. 예 제주도의 대표적인 □□□은 감귤이다.

주제

# 6

# 사회 변화로 나타난 생활 속 변화

이번 주에 공부할 내용에 대한
주간 학습 계획을 세워 보세요.

| | 공부할 내용 | 교과 연계 | 공부한 날 | 스스로 평가 |
|---|---|---|---|---|
| 1장 | 세계 속으로 | 사회 4-2 [3단원], 6-2 [2단원] | 월 일 | 😢 😋 🥰 |
| 2장 | 생활 속의 정보화 | 사회 4-2 [3단원] | 월 일 | 😢 😋 🥰 |
| 3장 | 적게 낳고, 오래 살아요 | 사회 4-2 [3단원], 5-1 [1단원] | 월 일 | 😢 😋 🥰 |
| 4장 | 사회가 변화하면 문화가 다양해진대요 | 사회 4-2 [3단원], 6-2 [2단원] | 월 일 | 😢 😋 🥰 |

# 1장 세계 속으로

**매체 독해** 다음 문자 메시지의 대화를 보고, 물음에 답해 봅시다.

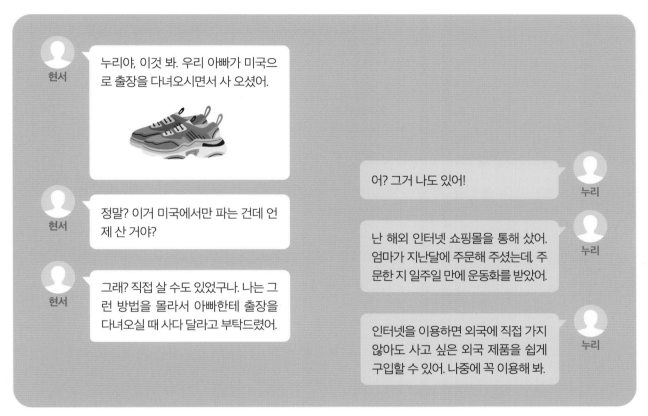

현서: 누리야, 이것 봐. 우리 아빠가 미국으로 출장을 다녀오시면서 사 오셨어.

누리: 어? 그거 나도 있어!

현서: 정말? 이거 미국에서만 파는 건데 언제 산 거야?

누리: 난 해외 인터넷 쇼핑몰을 통해 샀어. 엄마가 지난달에 주문해 주셨는데, 주문한 지 일주일 만에 운동화를 받았어.

현서: 그래? 직접 살 수도 있었구나. 나는 그런 방법을 몰라서 아빠한테 출장을 다녀오실 때 사다 달라고 부탁드렸어.

누리: 인터넷을 이용하면 외국에 직접 가지 않아도 사고 싶은 외국 제품을 쉽게 구입할 수 있어. 나중에 꼭 이용해 봐.

**1** 위 대화에서 알 수 있는 내용으로 알맞은 것은 어느 것인가요? ( )

① 현서 아버지는 미국에 사신다.

② 현서는 미국으로 여행을 다녀왔다.

③ 현서와 누리는 똑같은 운동화를 샀다.

④ 누리 어머니는 미국으로 출장을 다녀오셨다.

⑤ 누리는 주문하고 이틀 후에 운동화를 받았다.

**2** 위 대화의 내용에 맞게 빈칸에 들어갈 알맞은 말을 쓰세요.

누리는 ( )을/를 이용해 외국에서 파는 운동화를 쉽게 구입하였다.

우리나라 사람들은 주로 전통 음식인 한식을 먹지만, 세계 여러 나라의 다양한 음식도 즐겨 먹습니다. 오늘날에는 시장이나 대형 마트에서 외국에서 **❶수입**한 식재료를 쉽게 구할 수 있고, 외국 음식 전문 식당에서 미국, 일본, 이탈리아, 베트남 등 다양한 나라의 음식도 맛볼 수 있습니다. 마음만 먹으면 해외여행을 가서 그 나라의 음식을 사 먹을 수도 있습니다. 음식뿐 아니라 물건도 마찬가지입니다. 다른 나라에서 만든 옷이나 제품을 사는 것은 더 이상 어려운 일이 아닙니다. 나라 간에 유행이나 문화도 예전보다 쉽게 퍼지게 되면서 전 세계 사람들이 같은 음악을 즐겨 듣고, 같은 영화나 드라마를 보며 즐거워하게 되었습니다.

이처럼 세계 여러 나라들이 다양한 분야에서 교류하고 가까워지는 것을 '세계화'라고 합니다. 세계화가 진행되면서 세계는 국가의 경계를 **❷초월**하여 마치 하나의 **❸공동체**처럼 점점 더 가까워지고 훨씬 더 많은 영향을 주고받게 되었습니다. 이렇게 전 세계가 여러 면에서 긴밀하게 연결된 모습을 두고 오늘날에는 '**❹지구촌**'이라고 표현하기도 합니다.

㉠세계화를 가능하게 한 것은 무엇일까요? 바로 교통수단과 통신 수단이 발달하였기 때문입니다. 교통수단의 발달로 세계 여러 나라를 쉽고 빠르게 이동할 수 있게 되고, 통신 수단의 발달로 인터넷과 누리 소통망 서비스(SNS) 등을 통해 전 세계의 소식과 정보를 실시간으로 접할 수 있게 되어 세계가 점점 더 가까워지게 된 것입니다. 이로써 우리나라 사람들만 해 왔던 것을 세계 여러 나라 사람들이 함께 하고, 세계 여러 나라 사람들이 해 왔던 것을 우리나라 사람들도 함께 할 수 있게 되었습니다.

세계화는 다양한 측면에서 우리 생활에 긍정적인 영향을 미치고 있습니다. 소비자는 세계의 다양한 제품을 싼값에 살 수 있게 되었고, 생산자는 세계라는 더 큰 시장을 **❺확보**하게 되었습니다. 또한 나라 간에 다양한 문화 교류를 통해 다른 나라의 문화를 우리나라에서 즐길 수 있을 뿐만 아니라, 우리의 문화도 세계에 널리 알릴 수 있게 되었습니다. 더불어 지구 온난화와 같은 환경 문제, **❻난민**이나 **❼인권** 문제를 해결하기 위하여 전 세계가 함께 협력할 수 있게 되었습니다.

----

**❶ 수입**: 다른 나라로부터 상품이나 기술 따위를 국내로 사들임.

**❷ 초월**: 어떠한 한계나 표준을 뛰어넘음.

**❸ 공동체**: 생활이나 행동 또는 목적 따위를 같이하는 집단.

**❹ 지구촌**: 지구 전체를 한 마을처럼 여겨 이르는 말.

**❺ 확보**: 확실히 보증하거나 가지고 있음.

**❻ 난민**: 전쟁이나 재난 따위를 당하여 곤경에 빠진 사람.

**❼ 인권**: 인간으로서 당연히 가지는 기본적 권리.

**1** 이 글의 중심 낱말로 알맞은 것은 어느 것인가요? ( )

① 협력 　　　　　　② 공동체 　　　　　　③ 세계화
④ 지구촌 　　　　　　⑤ 지역화

**2** 각 문단의 중심 내용을 선으로 이어 보세요.

(1) 1문단 •　　　　　　　　　•　㉠　세계화의 뜻

(2) 2문단 •　　　　　　　　　•　㉡　세계화가 나타나게 된 배경

(3) 3문단 •　　　　　　　　　•　㉢　세계화로 달라진 생활 모습

(4) 4문단 •　　　　　　　　　•　㉣　세계화가 미친 긍정적인 영향

**3** 세계화의 모습으로 옳은 것에는 ○표, 옳지 않은 것에는 ×표 하세요.

(1) 전 세계 사람들이 같은 영화나 드라마를 보며 즐거워하게 되었다. ( )

(2) 다른 나라에서 만든 옷이나 제품을 사는 것이 어려운 일이 되었다. ( )

(3) 세계가 한 국가의 경계 안에서 하나의 공동체처럼 가까워지게 되었다. ( )

(4) 우리나라 사람들은 한식뿐만 아니라 세계 여러 나라의 다양한 음식도 즐겨 먹게 되었다.

( )

**4** 다음에서 설명하는 낱말을 이 글에서 찾아 쓰세요.

> • 지구 전체를 한 마을처럼 여겨 이르는 말이다.
> • 전 세계가 여러 면에서 긴밀하게 연결된 모습을 표현하는 말이다.

( )

**5** 세계화가 나타나게 된 배경으로 알맞은 것은 어느 것인가요? ( )

① 전통문화가 사라지고 있기 때문에

② 사람들의 소비 활동이 늘었기 때문에

③ 노인 인구가 계속 늘어나고 있기 때문에

④ 교통수단과 통신 수단이 발달하였기 때문에

⑤ 문화생활을 즐기는 사람이 늘어났기 때문에

**6** 다음 빈칸에 들어갈 알맞은 말을 이 글에서 찾아 쓰세요.

> 세계화의 영향으로 ( )은/는 세계라는 더 큰 시장을 확보하게 되었고, ( )은/는 세계의 다양한 제품을 싼값에 살 수 있게 되었다.

**7** 세계화가 미친 긍정적인 영향으로 알맞지 <u>않은</u> 것은 어느 것인가요? ( )

① 다양한 나라의 문화와 전통을 체험할 수 있다.

② 각 나라의 고유한 전통문화가 파괴될 수 있다.

③ 외국의 음악, 영화 등을 우리나라에서도 즐길 수 있다.

④ 우리나라의 케이팝 스타들이 한국의 문화를 세계에 소개하고 있다.

⑤ 지구에서 발생하고 있는 공통의 문제 해결을 위해 전 세계가 서로 협력할 수 있다.

**배경 +지식 넓히기**

**지구 온난화 문제의 해결을 위한 전 세계의 노력**

지구 온난화는 지구의 평균 기온이 점점 높아지는 현상을 말합니다. 지구 온난화로 인한 기후 변화는 생태계의 변화를 가져와 자연을 파괴하고 전 세계인의 건강과 생명을 위협하고 있습니다. 이에 따라 세계 여러 나라는 국제 협약으로 지구 온난화 문제를 함께 해결하고자 노력하고 있습니다.

**1** 다음 낱말의 뜻으로 알맞은 것을 선으로 이어 보세요.

(1) 난민 •

(2) 인권 •

(3) 공동체 •

(4) 지구촌 •

• ㉠ 인간으로서 당연히 가지는 기본적 권리.

• ㉡ 지구 전체를 한 마을처럼 여겨 이르는 말.

• ㉢ 전쟁이나 재난 따위를 당하여 곤경에 빠진 사람.

• ㉣ 생활이나 행동 또는 목적 따위를 같이하는 집단.

**2** 다음 문장에서 '맛보다'가 어떤 뜻으로 사용되었는지 번호를 쓰세요.

맛보다

① 음식의 맛을 알기 위하여 먹어 보다.
② 몸소 겪어 보다.
③ 몹시 혼나다.

(1) 할머니가 보내 주신 떡을 맛보았다. (        )

(2) 고향을 떠나 혼자 지내면서 외로움을 맛보았다. (        )

(3) 형에게 여러 번 심하게 장난치다가 뜨거움을 맛보고야 말았다. (        )

**3** 다음 빈칸에 들어갈 말의 뜻을 보고, 알맞은 낱말을 보기 에서 찾아 쓰세요.

보기        수입        초월        확보

(1) 외국에서 식재료를 _____ 하다.
└ 다른 나라로부터 상품이나 기술 따위를 국내로 사들임.

(2) 경찰이 범죄의 증거를 _____ 하다.
└ 확실히 보증하거나 가지고 있음.

(3) 춘향이와 이몽룡의 사랑이 신분의 한계를 _____ 하다.
└ 어떠한 한계나 표준을 뛰어넘음.

# 생활 속의 정보화

 **매체 독해** 다음 온라인 수업과 관련한 안내문을 보고, 물음에 답해 봅시다.

## 온라인 수업을 위한 환경을 만들어요

**기기 준비**
인터넷이 원활한 곳에서 컴퓨터, 태블릿 PC 등을 준비합니다.

**영상 준비**
화상 수업을 할 때에는 단정한 복장을 하고, 주변 환경을 정리합니다.

**10분 전 준비**
수업 시작 10분 전에 온라인 수업 환경을 미리 점검합니다.

**소음 확인**
주변에 소음이 없는지 미리 확인하여 수업에 집중할 수 있게 합니다.

## 온라인 수업에 참여하며 함께 지켜요

**대신 출석 금지**
부모님이나 형제, 친구 등 다른 사람이 대신 출석하지 않습니다.

**수업 전후 인사**
수업이 시작할 때와 끝날 때에는 친구들과 반갑게 인사합니다.

**화면 끄지 않기**
민망한 상황일 때를 제외하고는 화면을 켜 놓습니다.

**오디오 끄지 않기**
방해되는 소리가 날 때를 제외하고는 오디오를 켜 놓습니다.

**발언권 얻기**
질문하고 싶을 때에는 손을 들어 발언권을 얻은 후에 합니다.

**수업 집중**
질문하기, 대답하기, 댓글 달기 등 수업에 집중하며 적극적으로 참여합니다.

**방해하지 않기**
수업과 상관없는 일이나 수업에 방해되는 행동은 하지 않습니다.

**시간 약속 지키기**
정해진 시간에 맞춰 수업에 참여하고, 제출 기한에 맞게 과제를 냅니다.

---

**1** 온라인 수업을 위한 환경을 만드는 방법으로 옳은 것에는 ○표, 옳지 <u>않은</u> 것에는 ×표 하세요.

(1) 컴퓨터, 태블릿 PC 등을 미리 준비한다. ( )

(2) 수업 시작 10분 전에 온라인 수업 환경을 미리 점검한다. ( )

(3) 화상 수업을 할 때에는 잠옷, 운동복 등 자유로운 복장을 한다. ( )

**2** 온라인 수업에 참여하는 태도가 바른 사람의 이름을 쓰세요. ( )

• 찬희: 늦잠을 자고 싶어서 친구에게 출석을 대신해 달라고 했어.
• 미소: 수업에 방해되지 않도록 질문이나 대답을 하지 않고 조용히 있었어.
• 유민: 기침이 날 때를 제외하고는 오디오를 계속 켜 놓고 수업에 참여했어.

오늘날 우리는 일상생활에서 알게 모르게 많은 정보와 지식을 활용하고 있습니다. 이러한 사회를 '정보화 사회'라고 하는데, 여기서 정보화란 사회가 발전해 나가는 데 정보가 중요한 자원이 되어 중심 역할을 담당하는 것을 말합니다. 과거 **❶산업** 사회에서는 노동력을 **❷투입**해 물건을 생산하고 판매하는 것이 중요했다면, 오늘날과 같은 정보화 사회에서는 정보를 **❸획득**하여 새로운 정보를 생산하고 활용하는 능력이 중요합니다. 이처럼 사회의 모든 분야에서 정보의 중요성이 높아지면서 정보를 더 빠르고 편리하게 주고받을 수 있는 정보 통신 기술의 발전도 뒤따르게 되었습니다. 그리하여 오늘날에는 다양한 정보와 지식이 여러 기기와 연결되어 사람들의 생활을 빠르게 변화시키고 있습니다.

그렇다면 정보화로 학교생활이 어떻게 변화되었는지 살펴볼까요? 학교에서는 다양한 정보와 지식이 담긴 디지털 교과서로 공부합니다. 컴퓨터실에서 과제에 필요한 자료를 인터넷으로 조사하고, 도서실에서 도서 대출 프로그램을 이용해 책을 대여하기도 합니다. 학교 소식을 알기 위하여 학교 누리집을 살펴보거나 스마트 공지 시스템으로 올라온 가정 통신문을 확인합니다. 2020년 코로나바이러스감염증-19(COVID-19) **❹사태**로 등교 개학이 어려워졌을 때에는 전국의 모든 초·중·고등학교에서 실시간 **❺원격** 수업을 하였습니다. 정보화의 발달 덕분에 직접 얼굴을 보고 수업하는 ㉠대면 수업에서 인터넷이 가능한 어디에서든지 원격으로 수업할 수 있는 ㉡비대면 수업으로 수업 방식을 빠르게 전환할 수 있었습니다.

정보화는 일상생활의 모습도 변화시켰습니다. 사람들은 스마트폰을 이용해 어디서나 은행 업무를 쉽게 볼 수 있고, 가게에 직접 가지 않아도 인터넷으로 물건을 살 수 있습니다. 세계 곳곳에서 일어나는 일들도 인터넷으로 빠르게 알 수 있고, 멀리 있는 친구나 가족에게 전자 우편이나 누리 소통망 서비스, 스마트폰 메신저 등을 이용해 쉽고 빠르게 소식을 전할 수 있습니다. 또한, 길 도우미를 이용해 실시간으로 교통 정보를 얻기도 하고, 사물 인터넷 기술을 이용해 밖에서 스마트폰으로 집 안에 있는 가전제품을 **❻작동**시키기도 합니다. 이처럼 정보화가 활발하게 이루어지면서 사람들의 생활은 더욱 편리하고 다양하게 변화하고 있습니다.

---

❶ **산업 사회**: 사회 구조의 기본 성격이 공업 중심으로 이루어져 있는 사회.
❷ **투입**: 사람이나 물자, 자본 따위를 필요한 곳에 넣음.
❸ **획득**: 얻어 내거나 얻어 가짐.
❹ **사태**: 일이 되어 가는 형편이나 상황. 또는 벌어진 일의 상태.
❺ **원격**: 멀리 떨어져 있음.
❻ **작동**: 기계 따위가 작용을 받아 움직임. 또는 기계 따위를 움직이게 함.

**1** 이 글의 제목으로 알맞은 것은 어느 것인가요? ( )

① 정보화 사회의 문제점
② 정보화로 인한 생활의 변화
③ 정보화 사회에서 필요한 태도
④ 정보화와 원격 수업의 관련성
⑤ 산업 사회와 정보화 사회의 특징

**2** 다음 빈칸에 공통으로 들어갈 알맞은 말을 이 글에서 찾아 쓰세요.

> 정보화 사회에서는 ( )을/를 획득하여 새로운 ( )을/를 생산하고 활용하는 능력이 중요하다.

( )

**3** 정보화에 대한 설명으로 알맞지 <u>않은</u> 것은 어느 것인가요? ( )

① 정보 통신 기술의 발전과 관련이 있다.
② 정보를 더 빠르고 편리하게 주고받을 수 있게 되었다.
③ 학교생활뿐만 아니라 일상생활의 모습도 달라지게 하였다.
④ 다양한 정보와 지식이 여러 기기와 연결되어 사람들의 생활을 변화시키고 있다.
⑤ 사회 발전에 있어 노동력이 중요한 자원이 되어 중심 역할을 담당하는 것을 말한다.

**4** 정보화로 달라진 학교생활 모습으로 알맞은 것을 보기 에서 모두 골라 기호를 쓰세요.

> 보기
> ㉠ 집에서 컴퓨터로 원격 수업을 듣는다.
> ㉡ 과제에 필요한 자료는 주로 책에서 찾아본다.
> ㉢ 다양한 정보와 지식이 담긴 디지털 교과서로 공부한다.
> ㉣ 학교에서 종이로 받은 가정 통신문으로 학교 소식을 확인한다.

( )

**5** '㉠ 대면 - ㉡ 비대면'과 같은 관계로 말을 짝 지은 것은 어느 것인가요?                    (          )

① 평등 - 자유           ② 슬픔 - 기쁨           ③ 엄마 - 할머니
④ 의사 - 간호사         ⑤ 전화 - 스마트폰

**6** 다음 빈칸에 들어갈 알맞은 말은 어느 것인가요?                                      (          )

> 어머니는 운전하시면서 (          )을/를 통해 교통 상황을 실시간으로 확인하여 덜 막히는 길로 가셨고, 그 결과 목적지에 일찍 도착할 수 있었다.

① 인터폰             ② 텔레비전           ③ 길 도우미
④ 전자 우편           ⑤ 교통 지도

**7** 사물 인터넷 기술을 이용하는 모습으로 알맞은 것은 어느 것인가요?                       (          )

①

②

③

④

⑤

**배경 +지식 넓히기**

**비대면 수업에서 일어나는 범죄, 줌바밍**
'줌바밍'은 화상 회의 플랫폼인 '줌'과 폭격을 뜻하는 영어 '바밍'의 합성어로, 줌을 이용한 수업에 외부인이 접속해 욕설, 혐오 표현 등으로 원격 수업을 방해하는 것을 뜻하는 말입니다. 더 큰 피해를 낳기 전에 가상 회의 공간의 보안을 강화해야 하고, 사람들에게 이러한 행위가 법으로 처벌을 받게 되는 범죄라는 것을 알려야 합니다.

**1** 다음의 뜻을 가진 낱말을 보기 에서 찾아 쓰세요.

> 보기     사태     원격     획득     산업 사회

(1) 멀리 떨어져 있음.                                              (          )
(2) 얻어 내거나 얻어 가짐.                                          (          )
(3) 일이 되어 가는 형편이나 상황. 또는 벌어진 일의 상태.             (          )
(4) 사회 구조의 기본 성격이 공업 중심으로 이루어져 있는 사회.        (          )

**2** 다음 문장에 들어갈 알맞은 낱말을 골라 ○표 하세요.

(1) ┌ 경찰은 도둑을 잡기 위해 ( 민첩하게 / 밀접하게 ) 움직였다.
    └ 인터넷은 우리 생활과 매우 ( 민첩하게 / 밀접하게 ) 관련되어 있다.

(2) ┌ 스마트폰을 효과적으로 ( 활동하는 / 활용하는 ) 방법을 찾아보았다.
    └ 부엉이는 캄캄한 밤에 주로 ( 활동하는 / 활용하는 ) 야행성 동물이다.

(3) ┌ 방송사에서는 올림픽 경기를 ( 단시간 / 실시간 )으로 중계하였다.
    └ 도구를 사용한 덕분에 일을 ( 단시간 / 실시간 ) 내에 끝낼 수 있었다.

**3** 다음 빈칸에 들어갈 말의 뜻을 보고, 알맞은 낱말을 보기 에서 찾아 쓰세요.

> 보기     대여     작동     투입

(1) 도서관에서는 2주 동안 책을 _____ 해 준다.
    └ 물건이나 돈을 나중에 도로 돌려받기로 하고 얼마 동안 내어 줌.

(2) 기계에 지폐를 _____ 하고 교통 카드를 충전하였다.
    └ 사람이나 물자, 자본 따위를 필요한 곳에 넣음.

(3) 전원을 누르니 불빛이 깜빡이면서 컴퓨터가 _____ 하기 시작하였다.
    └ 기계 따위가 작용을 받아 움직임.

# 적게 낳고, 오래 살아요

다음 신문 기사를 보고, 물음에 답해 봅시다.

미래일보    뉴스 홈 | 세계 | 정치 | **사회** | 경제 | 문화 | 과학

## 줄어드는 학생, 늘어나는 빈 교실

⊙저출산의 영향으로 초등학생 수가 감소하고 있다. 전국 초등학교의 학급당 평균 학생 수를 보면, 65.2명이었던 1963년 이후로 꾸준히 감소해 2019년에는 23명까지 줄었음을 알 수 있다. 1950~1960년대에는 출산율이 높아 학생 수가 크게 늘면서 전국적으로 교실 부족 문제가 심각했다. 오늘날 많은 지역의 초등학교에서 빈 교실과 남아도는 책상과 의자를 처리하는 문제로 어려움을 겪고 있는 것과는 상당히 대조적인 모습이다.

(출처: 한국교육개발원, 2019)

▲ 전국 초등학교의 학급당 평균 학생 수

**1** ⊙의 뜻으로 알맞은 것에 ○표 하세요.

| 산모의 나이가 어려지는 현상 ☐ | 초등학교 입학생이 줄어드는 현상 ☐ | 태어나는 아이의 수가 줄어드는 현상 ☐ |

**2** 신문 기사에서 알 수 있는 내용으로 알맞은 것은 어느 것인가요?          (          )

① 우리나라의 초등학생 수는 증가하고 있다.

② 오늘날에는 전국적으로 교실 부족 문제가 심각하다.

③ 1950~1960년대에는 출산율이 낮아 학생 수가 크게 줄었다.

④ 오늘날 많은 지역의 초등학교에서 빈 교실이 늘어나고 있다.

⑤ 전국 초등학교의 학급당 평균 학생 수는 2019년에 26.6명이 되었다.

해마다 초·중·고등학교에 다니는 학생 수가 ❶급감하고 있다는 뉴스를 본 적이 있나요? 이렇게 태어나는 아이가 줄어드는 현상을 저출산이라고 합니다. 일정 기간에 태어난 아이가 전체 인구에서 차지하는 비율을 출산율이라고 하는데, 최근 들어 출산율이 낮아지면서 저출산 현상이 점점 심해지고 있습니다. 이러한 저출산 현상이 나타나는 원인은 다양합니다. 결혼이나 자녀에 대한 가치관이 바뀌면서 결혼을 늦게 하거나 출산을 ❷기피하는 문화가 ❸확산되기도 하였고, 자녀를 키우는 데 필요한 생활비 및 교육비에 대한 부담이 증가하였기 때문이기도 합니다. 또한, 맞벌이 부부의 경우에는 일과 육아를 함께 하는 것에 부담을 느끼는 탓도 있습니다.

현대 사회의 인구 문제로 저출산 현상과 함께 등장한 것이 있는데, 그것은 바로 고령화 현상입니다. 고령화는 전체 인구에서 노인이 차지하는 비율이 높아지는 현상을 말합니다. 고령화 현상은 의료 기술이 발달하고 건강에 대한 관심이 높아지면서 사람들의 평균 수명이 증가하였기 때문에 나타나게 되었습니다.

오늘날 우리 사회는 태어나는 아이의 수는 지속적으로 줄어들고 있는 반면, 노인 인구가 계속해서 늘어나고 있어 저출산·고령화 현상이 점점 더 심각해지고 있습니다. 이에 따라 생산 활동을 할 수 있는 15~64세의 ㉠생산 가능 인구가 줄어들어 경제에 악영향을 미치고 있습니다. 또한 노인 인구의 증가로 이들을 ❹부양해야 하는 젊은 사람들의 부담이 커지게 되고, 노인의 ❺빈곤, 질병, 소외 등의 문제도 발생하고 있습니다.

저출산·고령화 현상에 따른 문제점을 해결하기 위해서는 모두가 함께 나서서 노력해야 합니다. 결혼을 ❻장려하고 출산과 양육을 지원하는 국가의 정책과 제도도 중요하며, 기업에서도 육아 휴직 등 육아를 지원하는 제도를 강화해야 합니다. 또한, 국가에서는 노인들도 참여할 수 있는 일자리와 학습 기회를 늘려야 하고, 노인들이 일을 그만둔 후에도 생활을 유지할 수 있도록 노인을 위한 시설과 복지 제도를 마련해야 합니다.

------------------------------------------------

❶ **급감**: 급작스럽게 줄어듦.
❷ **기피**: 꺼리거나 싫어하여 피함.
❸ **확산**: 흩어져 널리 퍼짐.
❹ **부양**: 생활 능력이 없는 사람의 생활을 돌봄.
❺ **빈곤**: 가난하여 살기가 어려움.
❻ **장려**: 좋은 일에 힘쓰도록 북돋아 줌.

**1** 다음 빈칸에 들어갈 알맞은 낱말을 넣어 이 글의 제목을 완성하세요.

(          )·(          ) 현상

**2** 이 글의 짜임을 바르게 설명한 것은 어느 것인가요?          (      )

① 공간의 변화에 따라 설명하였다.

② 시간의 흐름에 따른 변화를 설명하였다.

③ 공통점과 차이점을 비교하여 설명하였다.

④ 어떤 주제에 대한 주장과 근거를 제시하였다.

⑤ 해결해야 할 문제와 그에 대한 해결 방법을 제시하였다.

**3** 저출산 현상이 나타나는 원인을 보기 에서 모두 골라 기호를 쓰세요.

> 보기    ㉠ 의료 기술의 발달
>         ㉡ 출산을 장려하는 문화의 확산
>         ㉢ 결혼을 늦게 하는 문화의 확산
>         ㉣ 자녀 양육에 필요한 생활비 및 교육비의 부담 증가

(               )

**4** 고령화 현상에 대한 설명으로 옳은 것에는 ○표, 옳지 <u>않은</u> 것에는 ×표 하세요.

(1) 평균 수명의 증가로 나타나게 되었다.          (      )

(2) 현대 사회에서 나타나는 인구 문제 중 하나이다.          (      )

(3) 전체 인구에서 노인이 차지하는 비율이 낮아지는 현상을 말한다.      (      )

(4) 고령화 현상으로 해마다 초·중·고등학교에 다니는 학생 수가 급감하고 있다.

(      )

**5** 저출산·고령화 현상의 문제점을 바르게 말한 사람의 이름을 모두 쓰세요.

> • 서율: 생산 가능 인구가 줄어들어 경제에 악영향을 미치고 있어.
> • 온유: 빈곤, 질병, 소외 등 노인과 관련한 문제를 발생시키고 있어.
> • 현진: 젊은 사람들을 부양해야 하는 노인들에게 부담을 주고 있어.

(          )

**6** ㉠에 해당하지 <u>않는</u> 사람은 누구인가요? (     )

①
14세 중학생

②
24세 대학생

③
35세 직장인

④
50세 교사

⑤
64세 음식점 주인

**7** 저출산·고령화 현상을 해결하기 위한 방법이 <u>아닌</u> 것은 어느 것인가요? (     )

① 육아 휴직 등 육아를 지원하는 제도를 강화한다.
② 출산과 양육을 지원하는 정책과 제도를 마련한다.
③ 노인들도 참여할 수 있는 일자리와 학습 기회를 늘린다.
④ 일을 그만둔 노인들을 위한 시설과 복지 제도를 마련한다.
⑤ 여성이 출산이나 양육을 혼자 맡아서 할 수 있도록 지원한다.

**배경 +지식 넓히기**

**고령 사회에 들어선 대한민국**

국제 연합(UN)에서 정한 기준으로 '노인'이란 65세 이상인 사람을 말합니다. 이러한 기준에 따라 65세 인구가 전체 인구의 7 %를 넘으면 고령화 사회, 14 %를 넘으면 고령 사회, 20 %를 넘으면 초고령 사회라고 합니다. 우리나라는 지난 2000년에 고령화 사회에 진입하였으며, 2018년에는 고령 사회에 도달하였습니다. 우리나라의 초고령 사회 진입은 2026년으로 예상됩니다.

**1** 다음 낱말의 뜻으로 알맞은 것을 선으로 이어 보세요.

(1) 부양 •

(2) 빈곤 •

(3) 장려 •

(4) 확산 •

• ㉠ 흩어져 널리 퍼짐.

• ㉡ 가난하여 살기가 어려움.

• ㉢ 좋은 일에 힘쓰도록 북돋아 줌.

• ㉣ 생활 능력이 없는 사람의 생활을 돌봄.

**2** 다음 문장에 들어갈 말을 바르게 쓴 것에 ○표 하세요.

(1) 우리나라의 ( 출산률 / 출산율 )은 매우 낮다.

(2) 요즘에는 부부가 ( 맛벌이 / 맞벌이 )를 하는 경우가 많다.

(3) 먹고 난 뒤에 ( 설거지 / 설겆이 )를 바로 하는 사람이 많다.

**3** 다음 밑줄 친 말과 비슷한 뜻을 가진 낱말을 보기 에서 찾아 쓰세요.

| 보기 | 방안 | 이유 | 회피 |
|---|---|---|---|

(1) 경찰이 와서 문제가 발생한 <u>원인</u>을 조사하였다. ⋯⋯⋯⋯⋯⋯⋯

(2) 그 가게는 주인이 너무 불친절해서 <u>기피</u> 대상이 되었다. ⋯⋯⋯⋯

(3) 사람들이 모여서 사고를 방지하기 위한 <u>대책</u>을 논의하였다. ⋯⋯

**매체 독해**  다음 공익 광고를 보고, 물음에 답해 봅시다.

요즘 우리팀 1
요즘 우리동네 2
요즘 우리반 3

다양해서 더 가치 있는 문화 4
다르니까 더 재미있는 문화 5
요즘 문화는 **다문화**입니다 6
kobaco 공익광고협의회

(출처: 한국방송광고진흥공사)

**1** 위 공익 광고에서 '다문화'를 표현한 문구는 어느 것인가요? (정답 2개)　　　(　　　　)

① 다르고 이상한 문화　　　　　　　② 다양해서 더 복잡한 문화

③ 다르니까 더 재미있는 문화　　　　④ 다양해서 더 가치 있는 문화

⑤ 다양해서 지루하지 않은 문화

**2** 위 공익 광고를 통해 전달하고자 하는 내용은 어느 것인가요?　　　(　　　　)

① 우리나라만의 문화를 소중히 여겨야 한다.

② 외국에 살며 다양한 문화를 경험하는 것이 중요하다.

③ 다문화 사회를 이해하고 받아들이는 태도가 필요하다.

④ 다양한 민족이 다양한 나라에서 살고 있음을 깨달아야 한다.

⑤ 점점 더 빠르게 이루어지고 있는 세계화에 잘 적응해 나가야 한다.

'세계인의 날'이 어떤 날인지 알고 있나요? 세계인의 날은 다양한 민족과 ❶문화권의 사람들이 서로의 문화와 전통을 존중하고 더불어 살아가는 사회를 만들자는 뜻에서 제정된 국가 기념일로, 매년 5월 20일입니다. 세계인의 다양한 얼굴을 5개의 꽃잎을 지닌 무궁화꽃으로 ❷시각화하여 세계인의 화합과 소통을 상징하는 로고를 만들기도 하였습니다.

오늘날 우리 사회는 교통과 통신의 발달로 서로 다른 문화를 가진 사람들의 교류가 활발해지면서 다양한 문화를 가진 사람들이 ❸공존하게 되었습니다. 이처럼 한 국가나 한 사회 안에서 다른 문화와 사회적 배경을 가진 민족과 인종이 함께 어울려 살아가는 사회를 '다문화 사회'라고 합니다.

우리나라는 외국인 근로자, 국제결혼을 통한 결혼 이민자, 외국인 유학생, ❹북한 이탈 주민 등 국내에 거주하는 외국인들이 지속적으로 증가하면서 다문화적인 변화가 나타나기 시작하였습니다. 이에 따라 우리는 동네, 학교, 회사 등 일상생활 속에서 어렵지 않게 다양한 인종과 국적의 사람들을 볼 수 있게 되었습니다. 그런데 서로 다른 문화적 배경을 가진 사람들이 함께 살아가다 보면 오해나 갈등이 생길 수 있습니다. 서로의 언어나 생활 양식의 차이를 이해하지 못해 오해가 생길 수도 있고, 피부색이나 외모가 다른 ❺이주민에게 ❻편견을 가지고 ❼차별하여 갈등이 발생할 수도 있습니다. 또한 이러한 오해와 갈등 속에서 이주민의 인권이 침해되는 문제가 나타나기도 합니다.

바람직한 다문화 사회를 만들기 위해서는 우리나라에 사는 이주민들을 우리 사회의 구성원으로 인정하고 문화적 차이를 존중하는 태도를 지녀야 합니다. 사회적 차원에서는 사회 구성원들 전체를 대상으로 다문화 사회에 필요한 지식, 태도, 가치 등을 가르치는 다문화 교육을 확대해 나가야 합니다. 또한, 이주민들이 한국 사회에 안정적으로 ❽정착할 수 있도록 돕는 법과 제도를 마련하는 것도 중요합니다.

---

❶ **문화권**: 공통된 특징을 보이는 어떤 문화가 지리적으로 분포하는 범위.

❷ **시각화하다**: 보이지 않는 것이 일정한 형태로 나타나 보임. 또는 그렇게 나타내 보임.

❸ **공존**: 두 가지 이상의 사물이나 현상이 함께 존재함.

❹ **북한 이탈 주민**: 북한에 주소, 가족, 직장 등을 두고 있는 사람으로서 북한을 벗어난 후 외국의 국적을 취득하지 않은 사람.

❺ **이주민**: 다른 곳으로 옮겨 가서 사는 사람. 또는 다른 지역에서 옮겨 와서 사는 사람.

❻ **편견**: 공정하지 못하고 한쪽으로 치우친 생각.

❼ **차별**: 둘 이상의 대상을 각각 등급이나 수준 따위의 차이를 두어서 구별함.

❽ **정착**: 일정한 곳에 자리를 잡아 붙박이로 있거나 머물러 삶.

**1** 이 글에 나온 내용이 <u>아닌</u> 것은 어느 것인가요? ( )

① 다문화 사회의 뜻 ② '세계인의 날'의 유래

③ 다문화 사회의 등장 배경 ④ 다문화 사회에서 발생하는 문제점

⑤ 다문화 가족을 지원하는 법과 제도

**2** '세계인의 날'을 나타내는 로고로 알맞은 것은 어느 것인가요? ( )

① ② ③

④ ⑤

**3** 다음에서 설명하는 것은 무엇인지 이 글에서 찾아 쓰세요.

한 국가나 한 사회 안에서 다른 문화와 사회적 배경을 가진 민족과 인종이 함께 어울려 살아가는 사회를 말한다.

( )

**4** 이 글에서 알 수 있는 내용으로 옳은 것에는 ○표, 옳지 <u>않은</u> 것에는 ×표 하세요.

(1) 우리나라에 거주하는 외국인의 수는 지속적으로 감소하고 있다. ( )

(2) 오늘날에는 주변에서 다양한 인종과 국적의 사람들을 쉽게 볼 수 있다. ( )

(3) 세계인의 날은 세계의 다양한 문화를 즐기기 위하여 열리는 축제이다. ( )

(4) 교통과 통신의 발달로 서로 다른 문화를 가진 사람들의 교류가 활발해지면서 다문화 사회가 나타나게 되었다. ( )

**5** 다음 빈칸에 들어갈 말로 알맞지 <u>않은</u> 것은 어느 것인가요? ( )

> 우리나라는 ( ) 등 국내에 거주하는 외국인들이 지속적으로 증가하면서 다문화적인 변화가 나타나기 시작하였다.

① 농어촌 주민 ② 외국인 근로자

③ 외국인 유학생 ④ 북한 이탈 주민

⑤ 국제결혼을 통한 결혼 이민자

**6** 다문화 사회에 필요한 올바른 태도를 지닌 사람의 이름을 모두 쓰세요.

> • 찬희: 피부색이 어두운 외국인은 성격이 무서워 보여.
> • 지안: 음식을 손으로 먹는 외국 사람들의 문화도 존중해야 해.
> • 채린: 특정 종교를 믿는 친구가 입은 옷이 희한해서 자꾸 쳐다봤어.
> • 수빈: 다문화 가정의 친구와 어울리면서 서로의 언어를 익힐 수 있어서 좋았어.

( )

**7** 바람직한 다문화 사회를 만들기 위한 방법이 <u>아닌</u> 것은 어느 것인가요? ( )

① 이주민들을 우리 사회 구성원으로 인정해야 한다.

② 이주민들의 생각과 태도를 한국인처럼 만들어야 한다.

③ 이주민들의 안정적인 정착을 돕는 법과 제도를 마련해야 한다.

④ 우리 사회 구성원들 전체를 대상으로 다문화 교육이 이루어져야 한다.

⑤ 이주민들의 언어나 생활 양식의 차이를 존중하는 태도를 지녀야 한다.

**다문화 가족을 위한 정부의 지원**

정부에서는 다문화 가족의 안정적인 정착과 가족생활을 지원하기 위하여 가족 센터를 설립하여 운영하고 있습니다. 또한, '다문화가족지원포털 다누리(www.liveinkorea.kr)'를 운영하여 한국 생활에 적응하는 데 꼭 필요한 기본 정보와 다문화와 관련된 최신 정보를 다양한 언어로 제시하고 있습니다.

**1** 다음 낱말의 뜻으로 알맞은 것을 선으로 이어 보세요.

(1) 정착 •

(2) 차별 •

(3) 편견 •

• ㉠ 공정하지 못하고 한쪽으로 치우친 생각.

• ㉡ 일정한 곳에 자리를 잡아 붙박이로 있거나 머물러 삶.

• ㉢ 둘 이상의 대상을 각각 등급이나 수준 따위의 차이를 두어서 구별함.

**2** 다음 문장에 들어갈 알맞은 낱말을 골라 ○표 하세요.

(1) ┌ 신분증을 ( 제시하고 / 제정하고 ) 건물 안으로 들어갔다.
   └ 우리나라는 10월 9일을 한글날로 ( 제시하였다 / 제정하였다 ).

(2) ┌ 인간은 자연과 ( 공유하며 / 공존하며 ) 살아가야 한다.
   └ 그 선수는 우승의 기쁨을 국민과 ( 공유하고 / 공존하고 ) 싶다고 말하였다.

**3** 다음 문장에서 '나타나다'가 어떤 뜻으로 사용되었는지 번호를 쓰세요.

나타나다 ─
① 보이지 아니하던 어떤 대상의 모습이 드러나다.
② 어떤 일의 결과가 겉으로 드러나다.
③ 어떤 새로운 현상이나 사물이 발생하거나 생겨나다.

(1) 열심히 연습한 결과가 시합에서 나타났다. ( )

(2) 어제부터 몸이 춥고 떨리는 증상이 나타났다. ( )

(3) 그는 고향을 떠난 뒤 10년 만에 다시 나타났다. ( )

가로세로 퍼즐을 완성하며, 주제6에서 공부한 용어의 뜻을 다시 한번 떠올려 봐요.

❶

❸

❷

❺

❹ ❿

❻ ❾

❼

❽

### 가로 열쇠

❶ 지구의 평균 기온이 점점 높아지는 현상.

❷ 북한에 주소, 가족, 직장 등을 두고 있는 사람으로서 북한을 벗어난 후 외국의 국적을 취득하지 않은 사람.

❹ 태어나는 아이가 줄어드는 현상.

❻ 두 가지 이상의 사물이나 현상이 함께 존재함.
비슷 공생

❼ 인간으로서 당연히 가지는 기본적 권리.

❽ 한 국가나 한 사회 안에서 다른 문화와 사회적 배경을 가진 민족과 인종이 함께 어울려 살아가는 사회.

### 세로 열쇠

❶ 전 세계가 여러 면에서 긴밀하게 연결된 모습을 두고 지구 전체를 한 마을처럼 여겨 이르는 말.

❸ 전쟁이나 재난 따위를 당하여 곤경에 빠진 사람. 비슷 이재민

❺ 생산 활동을 할 수 있는 15~64세에 해당하는 인구.

❻ 생활이나 행동 또는 목적 따위를 같이하는 집단.

❾ 세계 여러 나라들이 다양한 분야에서 교류하고 가까워지는 것.

❿ 정보가 중요한 자원이 되어 정보를 중심으로 발전되어 가는 사회.

# 하루한장 앱은
## 이렇게 활용해요!

**①** **하루한장 앱 설치**

먼저 교재 표지의 QR 코드를
찍어 하루한장 앱을 설치해요.

**②** **하루한장 앱 실행**

교재를 등록한 후, 매일매일 학습을 끝내고
스마트폰으로 하루한장 앱을 열어요.

**③** **QR 코드 스캔**

교재의 정답 확인
QR 코드를 찍어요.

**④** **학습 인증**

학습 완료를 인증하고
하루템을 모아요.

하루템을 모두 모아 골든티켓이 생기면
하루랜드에서 선물로 교환할 수 있어요.